H A R O L D F . T U G G Y

TEMPLANZA EN EL HOGAR CRISTIANO

CÓMO CRIAR A LOS NIÑOS EN DISCIPLINA
Y AMONESTACIÓN DEL SEÑOR

Quinta edición, 2024

Templanza en el hogar cristiano

Cómo criar a los niños en disciplina y amonestación del Señor
por Harold F. Tuggy

ISBN: 979-8-22722-510-8 (tapa blanda Draft2Digital)
ISBN: 979-8-30108-215-3 (tapa blanda Amazon)
ASIN: B0DMNDM5MF (eBook Amazon Kindle)

Publicado por **Sunny Breeze Press** en el 2024.

sunnybreezepress.com

Contenido

Prólogo

Mis padres, Harold Tuggy y Dauphine Page, se casaron hace un poco más de cien años. Durante su vida matrimonial tuvieron cuatro hijos varones y después dos hijas. Yo fui el cuarto hijo.

Nuestros padres nos demostraron lo que verdaderamente es "templanza en el hogar cristiano". Mi papá era pastor de muchas iglesias en el oriente venezolano. Cuando una mujer de la iglesia pedía consulta pastoral, mi papá siempre insistía en que mi mamá estuviese presente. Él no nos predicó sobre fidelidad. Ellos vivieron ante nuestros ojos una vida ejemplar de fidelidad y templanza.

Mis tres hermanos mayores vivieron separados de nuestros papás durante toda su adolescencia por motivos educativos. Bien recuerdo que cada domingo a media tarde, mi padre sacaba su mesita y máquina de escribir para escribir una carta a cada uno de mis hermanos en su hogar escolar. Mis tres hermanos, Edward, Alfred, y Harold, después volvieron a Venezuela unidos en la obra del Señor Jesús. Yo fui traductor de la Biblia toda mi vida en el Perú. Mis dos hermanas fueron esposas fieles en sus hogares. ¡Qué padres tan ejemplares!

Con el tiempo, mi papá escribió el libro vibrante e importante titulado "Templanza en el hogar cristiano". Me es un tremendo honor presentarles este libro tan importante y relevante a las necesidades contemporáneas.

John Tuggy

Introducción

> *"...La gracia de Dios ... se manifestó, enseñándonos que, renunciando a la impiedad y a los deseos mundanos, vivamos en este siglo templada, y justa y píamente". (Tito 2.11–12 RVA)*

El imperio romano estaba en el apogeo de su gloria. Los pudientes vivían en el lujo y en la lujuria, y los pisoteados apaciguaban su miseria con degradantes vicios. Excesos carnales de toda clase caracterizaban ese tiempo.

En tal tiempo el apóstol Pablo escribió las palabras citadas. En tal tiempo sonó la voz del mensaje de la gracia de Dios, anunciando la salvación y el perdón del pecado y, como fruto de esta salvación, la vida de templanza. El Señor mismo había dicho que cuando viniera el Espíritu Santo *"convencerá al mundo de pecado, de justicia[1] y de juicio". (Juan 16.8)* Y más tarde, el gobernador Félix se espantó cuando el apóstol Pablo disertaba ante él de *"la justicia, del dominio propio y del juicio venidero". (Hechos 24.25)*

La enseñanza cristiana en relación con la vida práctica es de templanza, de dominio propio, de una mente sana, de continencia, de pureza, de sobriedad, de pudor y de virtud. Nuestros tiempos se caracterizan por las mismas cosas que aquellos. Pero la enseñanza bíblica debe producir un pueblo cristiano que se distinga por sus costumbres sanas en medio de un siglo corrompido.

---

1   O sea, rectitud, y también en la siguiente cita.

Ahora bien, el hogar es la más antigua de las instituciones humanas, el fundamento de los grupos sociales. Está fundado en la más sagrada de las relaciones humanas: el matrimonio. En el hogar los niños aprenden las lecciones que formarán su carácter.

Robert Burns, el poeta escocés (1759–1796), en su inmortal *The Cotter's Saturday Night* (*Sábado por la Noche en una Choza Escocesa*) describió un hogar cristiano en Escocia y su oración familiar:

> Al acabar la cena alegre, todos vuelven serios,
> Y se sientan en un círculo grande al amor de la lumbre.
> El señor de la casa trae del vestíbulo la gran Biblia,
> Entonces dice, con aire solemne: "¡Adoremos a Dios!".
>
> Cantan sus notas simples con candidez,
> Pues armonizan sus corazones, sin dudas la intención
> más noble de todas.
>
> Cual sacerdote, el padre de la familia lee la
> página sagrada...
>
> Tal vez lee en el tomo cristiano,
> Que la sangre del Inocente fue derramada por el
> hombre pecador...
>
> Luego, arrodillándose ante el Eterno Rey del Cielo,
> El que es santo, padre y marido, ora.
> Así salta la esperanza jubilosa en vuelo triunfante,
> Que de la misma manera todos se reunirán en días
> venideros,

Allá donde siempre tomarán los rayos no creados,
Donde más nunca suspirarán, ni derramarán
lágrimas amargas,
Sino que juntos entonarán himnos de alabanza a
su Creador...

Comparada con esta clase de culto, ¡cuán pobre es la
Religión de la Iglesia!
Ofendido, el Poder del Cielo los abandonará a su boato,
Y tal vez escuchará, con agrado, en alguna choza remota,
El lenguaje del alma en adoración sincera,
E inscribirá a los pobres inquilinos en su Libro
de la Vida.[2]

Concluye que, de escenas como ésta, nace la grandeza de Escocia, que la hace amada en el país y venerada en el extranjero.

En esta escena, la casa del aldeano es una humilde choza, pero el hogar es de espíritu noble. Así como la vida del hombre es más que el cuerpo y no consiste en la abundancia de las cosas que posee, el hogar es más que la casa donde la familia habita.

Sin embargo, el hogar se puede asemejar a una casa, en que tiene bases, puertas, paredes, techo, ventanas y jardines para embellecer y dar frutos. Bien dice el salmista: *"Si Jehová no edificare la casa, en vano trabajan los que la edifican;" (Salmo 127.1)*. Pero, cuando edificamos con Él, nuestro hogar se caracterizará por la templanza verdadera. Veamos los planes que Él ha trazado.

---

2   El extracto sin abreviar está incluido en el Apéndice A.

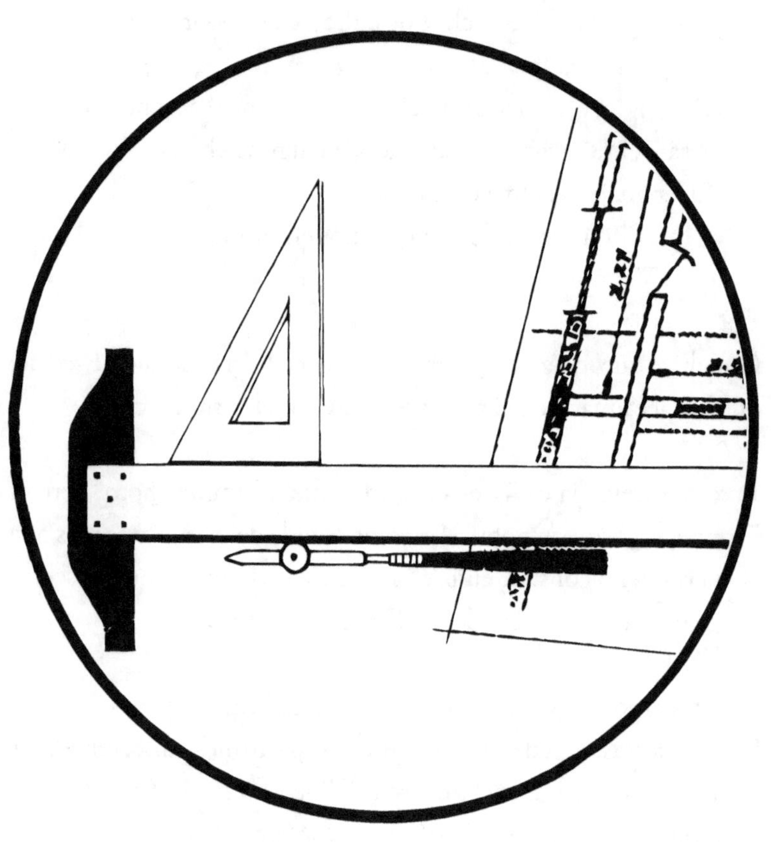

CAPITULO I

Las Bases del Hogar Cristiano

TEMPLANZA EN LA FUNDACIÓN

La fundación de un hogar cristiano exige templanza. El matrimonio es un paso serio y no debe contraerse inconsideradamente. Nuestros jóvenes necesitan una orientación cristiana para que puedan establecer hogares sobre fundamentos verdaderamente cristianos.

El verdadero amor es algo más que "cierta picazón en la región cardíaca que no se puede rascar". El matrimonio que se forma a base de un amor tan pasajero fracasa. El matrimonio es más que el atractivo sexual. Y el lazo matrimonial es para toda la vida. El matrimonio se ha definido como la unión creadora de dos personas. "Varón y hembra los creó". No es solamente la unión física de dos cuerpos. Es la unión de las personas enteras: sus afectos, sus intelectos, sus ideas y sus ideales. Tampoco es la sumisión de una personalidad a otra. Es la unión de dos personalidades en la cual cada una retiene su individualidad y a la vez las dos forman una nueva entidad armoniosa.

Es una unión *creadora*. El matrimonio que no tiene una finalidad creadora no es matrimonio, sino una licencia para el uso del sexo o una comodidad para tener un lugar donde comer y dormir.

Lo primero que se crea es el hogar. Es normal que nazcan hijos. La felicidad del hogar no es completa sin ellos. *"...herencia de Jehová son los hijos; cosa de estima el fruto del vientre".* (Salmo 127.3) Y es en el hogar donde se formarán y se desarrollarán los caracteres de estos hijos. Por tanto, los padres deben dirigir de una manera creadora su desarrollo físico, intelectual, emocional, moral y espiritual.

Además, algunos matrimonios unen sus poderes creadores para otros fines.

Robert Browning y su esposa Elizabeth Barrett de Browning, ambos poetas, unieron sus poderes creadores literarios para hacer una contribución muy notable a la literatura inglesa del siglo diecinueve. El señor Pedro Curie y su señora, ambos químicos franceses, colaboraron en investigaciones científicas que resultaron en el descubrimiento del elemento radio a principios del siglo veinte. Todos conocemos médicos cuyas esposas tienen grados en medicina o en enfermería y trabajan en su profesión. Hay pastores cuyas esposas participan en sus labores pastorales, profesores cuyas esposas colaboran en la docencia, haciendo así una obra creadora en sus campos respectivos.

Para realizar tal unión feliz y productiva, se necesita un amor basado en la simpatía y en la compatibilidad de ideas y de ideales, en la confianza, en el respeto y en la consideración mutuos; en un mutuo dar y recibir, y en un contribuir sin reservas a la empresa creadora.

Por tanto, proponemos ciertas reglas para ayudar a la juventud cristiana a escoger su compañero de vida, su "ayuda idónea".

1. **DEBEN SER AMBOS CRISTIANOS.**
    "No os unáis en yugo desigual con los incrédulos..." (2 Corintios 6.14) Un cristiano puede sentir cierta atracción hacia una persona incrédula, puede haber simpatía y compatibilidad de ideas, y esto puede resultar en algún sentimiento que se llame amor. Pero ¿puede existir simpatía y compatibilidad de ideales? *"...¿qué compañerismo tiene la justicia con la injusticia? ¿Y qué comunión la luz con las tinieblas? ... Porque vosotros sois el templo del Dios viviente". (2 Corintios 6.14, 16)*

2. **DEBE EXISTIR APROXIMADA IGUALDAD DE INTELIGENCIA, EDUCACIÓN Y CAPACIDAD SOCIAL.**
    El yugo desigual con los incrédulos es prohibido. También puede existir un yugo desigual que no conviene entre cristianos.

Un cristiano presentaba sus quejas al pastor contra una señorita, miembro de la misma iglesia, porque a ella le faltaba el amor cristiano, pues había rechazado la proposición de matrimonio que él le había hecho. Él era un hombre sin educación, ella una maestra de escuela; él era tullido e incapacitado para trabajar, ella estaba con plena salud. Es obvio que tal unión sería un yugo desigual y penoso. El pastor tuvo que explicarle al pobre hermano que el amor cristiano es una cosa, y el amor matrimonial es otra muy diferente. El amor cristiano no conoce fronteras. El amor matrimonial tiene fronteras que no se pueden cruzar sin malos resultados para los contrayentes, y a veces peores resultados para los hijos.

Una señorita criada en un ambiente de cultura y educación no debe casarse con un hombre rudo, aunque sea cristiano. Su falta de delicadeza la irritará. Él creerá que el deseo que ella tiene de ordenar el hogar y su vida de acuerdo con las mejores costumbres sociales es presunción. Al fin el yugo se hace casi insoportable. Un yugo se usa para unir dos animales con el fin de realizar algún trabajo útil. Si el yugo es cómodo, trabajan bien; si el yugo es incómodo y desigual, viene a ser una cruz.

3. DEBEN TENER INTERESES COMUNES Y VOCACIONES COMPATIBLES.

Si los dos tienen cierta habilidad y gusto para la música, pasarán muchas horas felices juntos, tocando o cantando u oyendo piezas musicales. La música les será una base de acercamiento y crecimiento en el amor. Lo mismo sucede si ambos prosiguen unidos ciertas clases de lecturas o estudios. Pero si la afición de él es algún estudio científico, mientras la de ella es la música, puede resultar que la melodía hermosa que ella toca sea para él una bulla molesta cuando está concentrado en su estudio. Y en la mesa él querrá conversar de algún maravilloso descubrimiento que para ella será fastidioso. Así puede entrar una separación de intereses y un enfriamiento del amor.

En cuanto a la vocación, algunos cristianos son llamados por Dios para una obra especial, y es necesario que elijan una esposa que tenga semejante llamamiento. Debemos advertir aquí que, para la mujer, la vocación de formar un hogar cristiano es la más alta de todas, y es compatible con casi cualquier vocación que pueda tener el esposo cristiano, con tal que ella tenga la disposición de formar el hogar con los recursos limitados que puedan provenir del trabajo del esposo.

4. **DEBEN TENER CARACTERES DIGNOS DE CONFIANZA.**

Aun entre los llamados cristianos hay algunos de carácter fluctuante. Los tales no son buenos candidatos para el matrimonio. ¿Qué confianza se puede tener en un hombre que hoy inicia con entusiasmo una empresa y mañana la abandona? ¿Puede tener el hombre confianza en una esposa que malgasta el dinero? La persona que disimula la verdad, o que cuenta a los extraños las cosas íntimas e internas del hogar, destruye la confianza mutua que debe existir entre esposos y aleja el amor.

5. **LAS DOS NATURALEZAS DEBEN SER COMPLEMENTARIAS.**

Es un hecho bien conocido que dos personas de naturalezas demasiado parecidas no se ligan bien. Sus naturalezas deben ser tales que una complete lo que falte en la otra. El Creador lo hizo así. La mente femenina es algo diferente de la masculina, de modo que cada una halle en la otra su complemento. Además, una persona alegre y expansiva se liga mejor con una que es tranquila, con tal que ninguna de las dos lo sea excesivamente.

6. DEBEN TENER LA FACULTAD DE "DAR Y RECIBIR".

En todo matrimonio, hay la necesidad de que cada uno se ajuste al otro. Ninguno de los dos debe tener la idea de que va a reformar al otro o a rehacer su personalidad a gusto propio. Cada uno ejerce influencia sobre el otro y con el tiempo las dos personalidades se amoldan, de modo que se forman dos personalidades nuevas y armoniosas. Este proceso requiere una disposición mutua de dar y recibir sin tomar ofensas, de concederle un punto al otro, de dar la preferencia al otro con amor y consideración, de llevar la carga del otro y de sobrellevar al otro con amor.

También se necesita una disposición de aportar sin reservas y sin medidas a la empresa común. Si cada uno tiene la idea de dar la mitad y nada más, pelearán sobre qué es la mitad. Si uno piensa que da más que el otro, entran el celo y la envidia, y el amor sale volando.

Hay padres que son incapaces de levantarse de noche para ayudar con el cuidado de un niño enfermo. Piensan: "Yo tengo que trabajar todo el día, yo gano el dinero, yo sostengo el hogar". No piensan que la esposa también trabaja todo el día en los quehaceres de la casa y en lavar los pañales del niño, y que ella también está cansada. Obsérvese cuántas veces se repite el "yo" en el pensamiento de él.

He aquí una sencilla lección de relaciones humanas:

- Las cinco palabras más importantes:
Me siento orgulloso de ti.

- Las cuatro palabras más importantes:
¿Cuál es tu opinión?

- Las tres palabras más importantes:
Si te place.

- Las dos palabras más importantes:
Muchas gracias.

La palabra de menor importancia: *Yo*.

Y de las relaciones humanas el matrimonio es la principal.

7. **HAY QUE TOMAR EN CUENTA LA SALUD.**
Además de las consideraciones espirituales, morales, intelectuales, emocionales y sociales, no se deben pasar por alto las físicas. Una señorita, antes de casarse con un hombre enfermo e incapacitado, debe pensar en quién sostendrá el hogar y lo encabezará dignamente. De igual modo, la formación de una unión creadora con una mujer enfermiza será un tanto más difícil. Si nacen hijos, será con mucha dificultad, y es probable que hereden de la madre las debilidades y las tendencias a la enfermedad. Las debilidades físicas de la esposa harán muy difícil que ella participe en cualquier otro trabajo creador del esposo.

8. **SE DEBE APLAZAR EL MATRIMONIO SI ALGUNO DE LOS CONTRAYENTES VA A ESTUDIAR.**
Las personas que no aspiran a adquirir una educación avanzada, o que no tienen la vocación que requiere tal educación, pueden casarse muy jóvenes. Pero las vocaciones al ministerio cristiano y las profesionales requieren mayor formación académica. Esto obliga a aplazar el matrimonio. Es una parte del precio que tienen

que pagar los que aspiran a las cosas mejores en la vida y en el servicio cristiano; y aun en las vocaciones y profesiones seglares. Vale la pena. Las cosas excelentes son caras.

A medida que avance el pueblo cristiano evangélico, habrá un menor número de sus jóvenes que se casen a los dieciséis años; y habrá un mayor número de quienes esperen hasta los veinticinco. Estos serán los más felices y los más útiles.

Todo lo dicho anteriormente requiere dominio propio y templanza cristiana. Otros pueden enamorarse locamente. El joven cristiano no puede. Como el matrimonio es el paso más importante de la vida para el joven cristiano, debe buscar la dirección de Dios en oración; debe seguir los sanos consejos de su Palabra; debe pensar bien y dominar los afectos del corazón, para que se sujeten a los dictados de una mente sana. Esta es la templanza en el primer paso, el de fundar un hogar cristiano en una base firme, sobre la Roca.

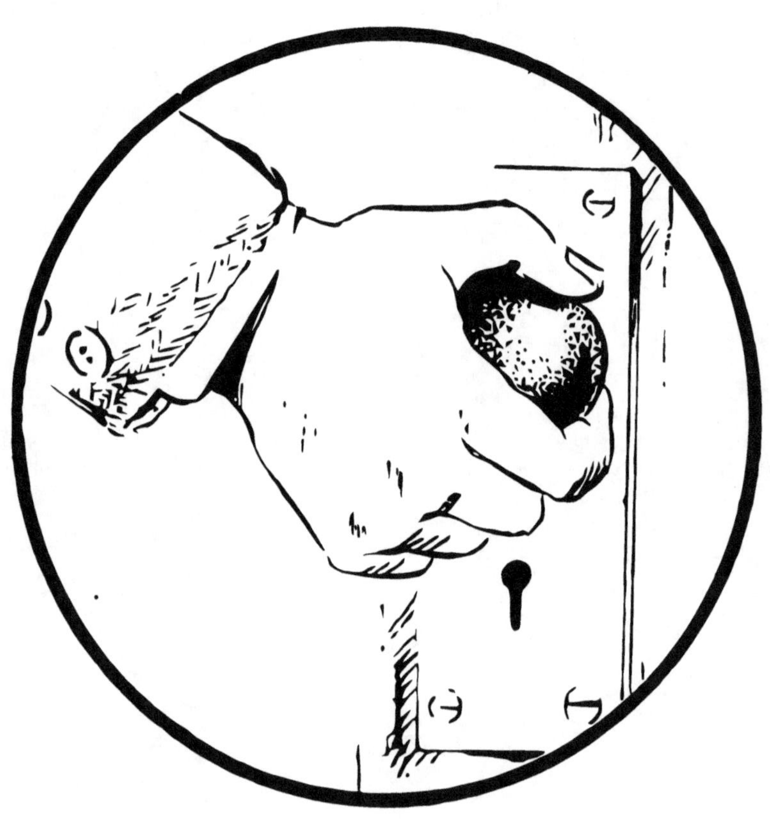

CAPITULO II

Las Puertas y Sus Llaves

TEMPLANZA EN EL MANEJO DEL HOGAR CRISTIANO

"Por tanto, no seáis imprudentes, sino entendidos de cuál sea la voluntad del Señor". "Por lo demás, hermanos míos, fortaleceos en el Señor, y en el poder de su fuerza". (Efesios 5.17 RVA y 6.10 RVR1960)

Con el primero de estos versículos principia, y con el último termina un pasaje en que el apóstol Pablo habla de las relaciones entre personas que forman el hogar. En el primero se nota la necesidad de prudencia y de conocer la voluntad del Señor, y en el último, la necesidad de esforzarnos en el Señor, para poner en práctica las enseñanzas recibidas. Aquí hay tres palabras que hablan de fortaleza: cobrad *fuerzas* (original de *fortaleceos*) en el *poder* de su *fuerza*.

Para el buen manejo de un hogar cristiano, fundado sobre una base cristiana, hay que tener prudencia, hay que conocer la voluntad del Señor, y hay que usar fuerza de carácter, la misma templanza.

11

Ahora bien, en una casa hay puertas que dan entrada a todas las habitaciones. Estas puertas tienen sus llaves que dejan penetrar hasta lo de más adentro. Así podemos comparar el manejo del hogar cristiano con estas llaves que abren el camino al éxito, a la misma alabanza. La enseñanza de la porción citada de Efesios implica las siguientes prácticas como llaves:

1. **LA ORACIÓN FAMILIAR.**

    Es la primera llave del éxito en el hogar cristiano. Cuando hay dificultad espiritual en una familia, es casi seguro que hay también descuido de la oración familiar. La familia que ora unida permanece unida.

Los jóvenes cristianos deben establecer la oración familiar en sus hogares, el mismo día en que se forma el hogar. ¡Qué precioso es cuando, aun durante el noviazgo, acostumbran a leer las Escrituras y orar juntos! Así buscan la dirección del Señor respecto a su matrimonio. Cuando éste se efectúa, ya los fundamentos están puestos para la oración familiar. El altar ya se erigió.

Hermano: si no se ha establecido esta bendita costumbre en tu casa, comienza hoy mismo. Puede ser que después de tanto tiempo tengas cierta vergüenza para comenzar. No importa. ¡Manos a la obra! ¡Empieza hoy!

Un padre de familia prometió al Señor comenzar la oración familiar después de años de casado y ya formada su familia. Cuando se acercaba la hora, salió de su casa, por la nerviosidad, y dio varias vueltas a la manzana masticando un palillo. Pero pronto dominó sus sentimientos y entró en la casa, llamó a todos los hijos y a la esposa, y celebraron su primer culto familiar. Si tú estás en el mismo caso, ve y haz lo mismo. La cuestión es comenzar.

Una iglesia estaba situada en un barrio malo de una ciudad. El pastor luchó mucho, pero sólo consiguió que muy pocos asistieran a los servicios. Luego puso en práctica el plan de trabajo de visitar todos los hogares en el barrio y enseñar a las familias a observar la oración familiar. Después de algunos años de trabajo, se cambió por completo el mal carácter del barrio y la iglesia se llenó de cristianos. Es inmenso el poder de la oración familiar.

Por eso parece que el diablo odia el culto familiar de una manera especial. Y él es muy ingenioso para inventar interrupciones. Si no es una visita inoportuna es una llamada telefónica, o un niño enfermo que llora, o un gato que se mete en la cocina y bota la leche que está en la mesa. Hay que vencer estas cosas. Debe escogerse una hora en que toda la familia pueda estar presente y en que normalmente no haya interrupciones. Luego, no permitir que nada entre para quitar la santidad de esta hora. Para esto se necesita templanza. Con el tiempo se establecerá la costumbre de tal modo que ninguno de la familia pensará en otra cosa cuando llegue esa hora sagrada. Vendrá a ser cosa de la rutina de la casa y una inspiración bendita.

Pero hay otro peligro: Debe ser parte de la rutina establecida, pero nunca llegar a ser una cosa meramente rutinaria. Es fácil repetir la misma oración todos los días, sin pensar en lo que se está diciendo, y leer la Biblia en una voz monótona, sin que el lector ni los que oyen se den cuenta de lo que se lee. Hay que luchar contra esta tendencia natural. Hay que estudiar la manera de hacer del culto familiar una actividad viva e interesante. Se puede variar algo el programa, usando a veces cantos o breves explicaciones del pasaje leído. Se puede aprender y repetir de memoria alguna porción de las Escrituras. Se pueden mencionar algunas cosas por las cuales se desea dar gracias a Dios, o hacer algunas peticiones, antes de orar. Sobre todo, se necesita la obra del Espíritu Santo, quien nos enseña a adorar en espíritu y en verdad. Es el mismo Espíritu el que infunde templanza para llevar a cabo este propósito.

2. LA PARTICIPACIÓN UNIDA EN LAS ACTIVIDADES.

Es la segunda llave. Un matrimonio joven gozará mucho si planean juntos las cosas que pueden hacer para embellecer su casa, y juntos las efectúan después. Pintar los muebles, renovar una puerta rota y pintarla, poner algunos adornos sencillos y de buen gusto en la sala, plantar algunas matas en el patio. Hay tantas cosas que se pueden hacer para convertir una casa en un hogar. Y al hacerlas juntos, hallarán que entre ellos mismos ha crecido el compañerismo y que el amor del noviazgo se va convirtiendo en un amor profundo y maduro.

Comer en la mesa es muy importante. Hay familias en las cuales la esposa pone la comida en la mesa para su esposo, para los hijos varones mayores y para algún visitante; pero ella come en la cocina, con un plato en la mano, y los chiquitos comen sentados en el suelo de la cocina. Algunos dirán que la pobreza los obliga a hacerlo así. No es asunto de la pobreza. Los más pobres pueden reunirse alrededor de una mesa común, dar gracias a Dios y comer juntos.

En la mesa se sirve algo más que sancocho y plátano frito. Se sirve amor. La charla familiar y la comunión entre los miembros de la familia es tan importante como la comida. La hora de la comida debe ser una hora sagrada en que todos se unen porque están unidos en espíritu. Pertenecen a una entidad, a una familia, y es aquí donde se estrechan los lazos que solidifican la familia.

Además de empeñarse en la unión para embellecer la casa y congregarse alrededor de la mesa familiar, hay una multitud de cosas que pueden hacer unidos: pasear, leer, cantar, estudiar, jugar, trabajar, asistir a los servicios de la iglesia. ¡Oh, amados! Toda la vida debéis estar juntos. Entonces en las horas en que, por las obligaciones del trabajo o del negocio tengáis que estar separados, permaneceréis unidos en espíritu; y cuando se acerque la hora del regreso del esposo al hogar, el corazón de la esposa cantará: "He aquí, mi amado viene...", y los pasos de él se harán ligeros con el pensamiento: "He aquí tú eres hermosa, amiga mía..."

3.   EL CULTIVO DEL AMOR.

Es una llave que sigue lógicamente a la anterior. El amor es como una hermosa flor: se puede cultivar y se pone aún más hermosa; o, si se descuida, se marchita y se seca.

Algunos jóvenes se afeitan y se visten con esmero para visitar a la novia. Pero después del matrimonio dejan pasar días sin afeitarse ni bañarse. Ya están casados, ya tienen la mujer. ¿Para qué esmerarse tanto en hacerse atractivos? Del mismo modo, algunas mujeres casadas pasan todo el día en sus casas sin peinarse, con los cabellos enrollados en tubos. ¡Qué desengaño sufrirán algunos hombres al hallarse casados con una mujer tan descuidada! ¡Qué desencanto para algunas mujeres el tener que vivir con un hombre que no se estima a sí mismo, ni muestra un poco de consideración para con ella mediante un poco de aseo personal!

El cultivo del amor consiste en cosas pequeñas. La esposa que se levanta temprano, se peina y se viste con aseo y prepara el desayuno con gusto, ha dado un principio animador al día de trabajo de su esposo. Y él tendrá la esperanza de regresar del trabajo a una casa limpia y a una esposa aseada, bella, sonriente y amable. Igualmente, él debe mostrarle a ella la misma consideración.

¡Hombre: hace tiempo que no besas a tu esposa! Esta noche, cuando ella esté en la cocina preparando tu cena, tómala en tus brazos y dale un beso y dile: Te quiero, te amo. (Cuidado que no deje quemar la cena o te pegue en la cara por la sorpresa que le causes.) Quizás se está marchitando la flor de su juventud por falta de un poquito de cariño que solo tú puedes darle.

En la conversación y en el trato con ella, deja los regaños y trátala con amor y ternura. Algunos hombres son muy caballeros y educados en su trato con los amigos y con todos aquellos con quienes tienen contacto en el negocio; pero en sus casas son unas fieras. No debe ser así.

"Maridos, amad a vuestras mujeres" (Efesios 5.25) es mandamiento de Dios. En los votos matrimoniales el marido promete "amarla, consolarla, honrarla, y conservarla en tiempo de enfermedad o de salud, y, renunciando a todas las otras", conservarse para ella sola mientras los dos vivan. Mientras ella esté joven y tenga buena salud, es natural y fácil amarla. Pero con el paso de los años se le caen algunos dientes, se le arruga la cara y no goza de aquella exuberante salud. Entonces, ¿qué? Muchos hombres entonces empiezan a mirar a las mujeres más jóvenes. Hermano: ella te ha dado los años de su juventud. Recuerda el mandamiento del Señor: *"Maridos, amad a vuestras mujeres"*. Entonces recuerda tus

votos nupciales: "Amarla ... en tiempo de enfermedad o de salud, y, renunciando a todas las otras...". Templa tu pensamiento, renuncia en tu mente a todas las otras, dale de nuevo a ella la ternura de tu amor, el paciente sobrellevar de su debilidad... *"dando honor a la mujer como a vaso más frágil". (1 Pedro 3.7)*

Si durante los primeros años de vida matrimonial habéis sido solícitos el uno para el otro en cultivar el amor, cuando lleguen los años avanzados, el amor entre los dos será dulce como un fruto maduro. Aplica tus fuerzas para cultivarlo.

4. LA CUIDADOSA ATENCIÓN A LAS CONVERSACIONES, LECTURAS Y DIVERSIONES

Es la cuarta llave. *"No hay fin de hacer muchos libros",* (*Eclesiastés 12.12*) escribió Salomón siglos antes de la invención de la imprenta. En nuestros días hay un verdadero torrente de revistas, noticieros, tiras cómicas y libros de toda clase. Además, hay numerosos programas de radio y de televisión, de los cuales muchos tienen una mala influencia. En nuestros hogares cristianos tenemos que ejercer mucha templanza, para revisar lo que se lee y lo que se oye; de lo contrario, esta corriente arrolladora nos llevará con nuestros hijos al abismo de una confusión completa.

Hay cristianos que no van al cine porque es cosa mundana, y porque en ciertas películas se presentan escenas de crímenes o cosas que tienen implicaciones inmorales. Pero ven las tiras cómicas, con sus series de ladrones, de asaltantes y de amores ilícitos, y permiten que sus hijos las lean. Y, esas mismas películas que consideran malas, y que no van a ver al cine, las ven por televisión en sus hogares. No dejan a sus hijos ir al cine a ver *Los amores de Jezabel*, pero los dejan leer la novela *Juliana de la Mano Negra*. ¿Y las conversaciones alrededor de la mesa? ¿Son sobre el juego de béisbol en la escuela, sobre algún artículo de interés que apareció en *Selecciones* o en *La Estrella*? ¿O tratan del hombre del pueblo vecino que mató a su esposa, o de otro asunto escandaloso, con todos los detalles? Estos últimos temas no son alimento sano para nuestra mente, ni para la de nuestros hijos.

La solución de este problema no está en la negación. No basta prohibirles a los hijos ciertas lecturas. Hay que guiarlos con nuestro ejemplo como padres, y luego ayudarlos a seleccionar bien el material. En la mesa hay que dirigir cuidadosamente la conversación a temas de provecho mental, intelectual y espiritual. Si alguno introduce un tema no conveniente (como el más reciente escándalo del barrio), se puede hablar de otro asunto, y así desviar la conversación.

En cuanto a la lectura, las historias de algunos de los primeros misioneros que fueron a pueblos salvajes son tan interesantes y emocionantes como cualquier novela, y son infinitamente más edificantes. Nuestro gusto y el de nuestros hijos se puede educar para apreciar lo mejor. Una vez adquirido el buen gusto, las cosas de mal gusto desagradan. Lo mismo es verdad acerca de los programas de radio y de música. Una vez educado el gusto por la música clásica, la de rocola y de cantina es muy desagradable. Hay que aprender a escoger. Es como el que come pescado: Tiene que aprender a comer la carne y botar las espinas.

Las Escrituras enseñan la misma verdad. *"Por lo demás, hermanos, todo lo que es verdadero, todo lo honesto, todo lo justo, todo lo puro, todo lo amable, todo lo que es de buen nombre, si hay virtud alguna, si algo digno de alabanza, en esto pensad. (Filipenses 4.8)* Podemos detallar: de esto conversad, de esto leed, de esto oíd y ved en la televisión. Templemos nuestro pensamiento y nuestras conversaciones y vigilemos estas cosas en nuestros hogares.

5. **EL TRATO CON EXTRAÑOS EN EL HOGAR.**

Es una llave que merece atención. Es un error fatal que un matrimonio joven viva en la casa de los padres de él o de ella. Los suegros tienden a inmiscuirse en los asuntos de los jóvenes. Igualmente fatal es que viva uno de los suegros en el hogar de los jóvenes. Si el joven tiene la responsabilidad de sostener a su madre, debe sostenerla en la casa de ella, o conseguir una casita cerca, donde la pueda tener y cuidar, pero no en su propio hogar. Tal situación es tan difícil para la anciana como para el joven matrimonio. Si es una persona de ideales compatibles y que se liga bien, la relación puede ser feliz. De lo contrario viene a ser insoportable. Aun cuando la relación sea feliz, hay peligro: el peligro de que tal persona llegue a ser demasiado familiar e íntima. En algunos casos esto ha resultado en un amor ilícito con uno de los cónyuges, y ha traído fracaso completo en el hogar. Para mantener la unidad de la familia, sin excluir la hospitalidad, se necesita discreción y templanza.

6. **EL USO DEL TIEMPO.**

El uso del tiempo para buenos fines es una llave que requiere templanza cristiana. Salomón dice: *"Todo tiene su tiempo, y todo lo que se quiere debajo del cielo tiene su hora.... Todo lo hizo hermoso en su tiempo"*. (Eclesiastés 3.1, 11)

Al ordenar el hogar se designa un tiempo para el culto familiar: Hay que respetar este tiempo. Se fijan ciertas horas para las comidas: Todos los miembros de la familia deben respetar estas horas y llegar a la mesa a tiempo. Se debe designar algún tiempo para el recreo, alguna noche en la semana para juegos familiares; o algún rato, después del trabajo, para deportes. Todos los miembros deben participar. El recreo es necesario, pero no debe ocupar demasiado tiempo. En las noches es muy provechoso dedicar algún tiempo a la lectura o al estudio. Algunos han logrado una instrucción excelente, empleando juiciosamente en el estudio las horas desocupadas. Otros desperdician estas horas en el cine o en oír necedades por la radio.

Visité un colegio cristiano que era en gran parte sostenido por donativos del señor Henry Ford (fabricante de los automóviles Ford). El amigo que me acompañó en la visita me contó cómo el señor Ford visitaba la escuela y a veces pasaba varios días allí. Se levantaba temprano e iba al basural para ver qué cosas se estaban botando. Le interesaba saber que no botaban nada útil. ¡Uno de los más ricos del mundo registrando un basural! Pues uno de los secretos de su riqueza era la manera en que aprovechaba los desperdicios de su fábrica.

El desperdicio más grande del mundo es el del tiempo. El señor Ford sabía esto también, y allí residía otro secreto de su éxito. Registremos los desperdicios de tiempo en nuestros hogares. Hallaremos gran riqueza espiritual e intelectual.

En el decálogo, Dios nos dio la primera y la más importante lección del empleo del tiempo. "Seis días trabajarás, y harás toda tu obra; mas el séptimo día será reposo para Jehová tu Dios". Observemos los elementos de esa lección: Designar un tiempo para una cosa y otro tiempo para otra, y respetar y atender esa designación. En el hogar en que los miembros han aprendido a respetar el día del Señor y a no usar ese día para el trabajo ni para juegos deportivos, sino para el descanso y la adoración a Dios, también sabrán respetar el tiempo designado para el trabajo y el estudio o para otra actividad. Las veinticuatro horas del día se aprovecharán bien por medio de la templanza.

7. EL USO DEL DINERO.

Es otra llave que trae una lección elemental semejante, porque Dios dijo: *"Traed todos los diezmos al alfolí..."*; y: *"Cada primer día de la semana cada uno de vosotros ponga aparte algo, según haya prosperado, guardándolo ..."*. *(Malaquías 3.10, 1 Corintios 16.2)* No ignoramos el argumento de que no estamos bajo la ley, y por tanto no tenemos la obligación de dar el diezmo; pero es un hecho irrefutable que Dios bendice a los que lo hacen. La lección que nos enseña tiene los siguientes elementos: designar una porción de nuestro dinero u otros bienes para un fin, y respetar esa designación y no usarla para otro fin. *"Lazo es al hombre devorar lo santo..."*. *"Cuando a Dios haces promesa, no tardes en cumplirla... Mejor es que no prometas, y no que prometas y no cumplas"*. *(Proverbios 20.25 RVA y Eclesiastés 5.4, 5)*

Una vez aprendida la lección elemental, es fácil transferirla y aplicarla a otros fines: apartar una porción para los alquileres, otra porción para los ahorros, etc. No importa que las porciones sean pequeñas, lo importante es apartarlas y respetarlas. Recordemos que "los grandes capitales, de las pequeñas economías se hacen"; y, más importante todavía, que "el que es fiel en lo muy poco, también en lo más es fiel". Los que fielmente templan sus necesidades al alcance de sus bienes sabrán llevar todo su hogar en orden.

Responsable de iniciar y mantener el orden en el manejo del hogar es el varón, el padre de familia. Él es quien dirige tanto en lo material como en lo espiritual. *"Las casadas estén sujetas a sus propios maridos, como al Señor; porque el marido es cabeza de la mujer, así como Cristo es cabeza de la iglesia..." (Efesios 5.22–23).* El que lleva el llavero es el padre de familia, y la familia sigue por las puertas que él les abre.

Las llaves que tiene él en las manos son siete: la oración familiar, la participación unida en las actividades, el cultivo del amor, la cuidadosa atención a las conversaciones, lecturas y diversiones, el trato conveniente de extraños en el hogar, el buen uso del tiempo y el uso debido del dinero. Son las llaves que abrirán las puertas a las grandes bendiciones espirituales, a un testimonio hermoso; y, por añadidura, a la prosperidad material. Abrirán las puertas que llamarás Alabanza. Y el hogar será una Betania donde Cristo desea posar.

CAPITULO III

Las Cuatro Paredes

TEMPLANZA EN LA DISCIPLINA DEL HOGAR CRISTIANO

Hay cuatro asuntos de disciplina en el hogar, de tanta importancia que los llamaremos *las cuatro paredes.* Así como cuatro paredes son esenciales para formar una casa, estas cuatro disciplinas son esenciales en el hogar cristiano. Del mismo modo como las paredes encierran la casa y la hacen una unidad, y protegen a los habitantes, estas disciplinas unifican el hogar y protegen a la familia de muchas tentaciones mortíferas: Encierran lo propio y excluyen lo impropio.

Con estricta templanza cristiana los padres han de practicar estas disciplinas en sus propias vidas. Con oración y diligencia las han de enseñar a sus hijos. Pues si no viven de acuerdo con ellas, en vano tratarán de infundirlas en sus hijos.

Tendremos muros fuertes de Salvación y no edificaremos en vano si construimos estas cuatro paredes alrededor de nuestros hogares. Son enteramente bíblicas, y Jehová edificará con nosotros.

1. LA REVERENCIA

es la pared del frente. *"No tomarás el nombre de Jehová tu Dios en vano..."*.[1] *"Cuando fueres a la casa de Dios, guarda tu pie ... porque Dios está en el cielo, y tú sobre la tierra; por tanto, sean pocas tus palabras"*.[2] *"Mas Jehová está en su santo templo; calle delante de Él toda la tierra..."*.[3] *"Oh Jehová, he oído tu palabra y temí"*.[4]

La falta de reverencia caracteriza nuestros tiempos. Aun en algunos templos evangélicos la reverencia se hace notable por su ausencia. Los niños caminan de acá para allá durante el servicio, los mayores conversan durante el sermón y, cuando se despide el servicio, las conversaciones dejan la impresión de gente que sale del cine y no de un servicio de adoración. Es evidencia de que en los hogares no se practica ni se enseña a los hijos la reverencia. *"Cuando fueres a la casa de Dios, guarda tu pie ... sean pocas tus palabras"*.

El hogar es el lugar en que el niño debe aprender la reverencia. El padre abre la Biblia y todos oyen atenta y reverentemente su lectura. Es la voz de Dios que nos habla. Luego todos se arrodillan ante su presencia y presentan una plegaria ante el Todopoderoso. Aun el más pequeño siente la divina presencia y aprende a guardar silencio.

Una vez me puse a pellizcar a mi hermano y a reírme con él durante la oración familiar. Papá me despachó a mi pieza. Al terminar la oración él fue también al cuarto. Vi lágrimas en sus ojos y comprendí lo profundo que él sentía mi falta de reverencia. Después de hablarme y explicarme lo serio de la falta, me dio unos

---

1   Éxodo 20.7

2   Eclesiastés 5.1, 2

3   Habacuc 2.20

4   Habacuc 3.2

latigazos que me quitaron para siempre las ganas de pellizcar a mi hermano durante la oración o de cometer otro acto de irreverencia.

2. EL RESPETO A LOS PADRES Y A LOS MAYORES

es la pared de un lado, que forma esquina con la primera. Como dos paredes se unen en la esquina y por medio de la unión se sostienen mutuamente, estas dos disciplinas unidas se sostienen entre sí. Donde falta una, falta la otra también.

"Hay generación que maldice a su padre, y a su madre no bendice. Hay generación limpia en su propia opinión, si bien no se ha limpiado de su inmundicia. Hay generación cuyos ojos son altivos, y cuyos párpados están levantados en alto. Hay generación cuyos dientes son espadas, y sus muelas cuchillos..." (Proverbios 30.11–14).

"Honra a tu padre y a tu madre",[5] es el primer mandamiento con promesa. Debemos observar que en la ley de Moisés la infracción persistente de este mandamiento tenía pena de muerte.

Esta es otra lección aprendida que agradezco a mis padres. Papá no era iracundo sino muy tranquilo y manso y a la vez muy justo en su trato. Nosotros los muchachos sabíamos que cuando él decía algo, eso era. Si nos ordenaba hacer algo, podía tener paciencia para decirlo la segunda vez. ¡Pero sabíamos que lo mejor era no esperar a que tuviera que hablar la tercera vez! Y jamás nos atrevimos a decirle: Y.......a voy.

Cuando éramos recién casados, vivía una familia cristiana al lado. Asistíamos a la misma iglesia y nuestras casas tenían una cochera

---

5   Éxodo 20.12

común. La familia vecina tenía un hijo adoptivo de unos ocho años. Un día él estaba con su madre adoptiva en la cochera. Ella le pidió que le pasara un bulto pequeño; el niño, con insolencia, le respondió que no. Para mí esa era una actitud terrible e insoportable. Yo intervine, diciendo:

—¡Muchacho, así no se le habla a la madre!

Yo había aprendido de mis padres, que un niño no responde así. Tanto la madre como el niño quedaron atónitos.

Hace pocos años uno de mis hijos regresó de sus vacaciones en los Estados Unidos. Nos dijo que por unos meses había sido vecino de una familia cristiana que nos recordaba; y que tenían un hijo adoptivo, ya hombre, que les causaba gran tristeza, pues era borracho y desordenado. Era esa misma familia. *"Hay generación que maldice a su padre... Si bien no se ha limpiado de su inmundicia"*. No, aunque haya asistido a mil iglesias y aprendido media Biblia de memoria cuando pequeño, ni aun así se ha limpiado de su inmundicia.

En los años que tenemos enseñando en un Instituto Bíblico hemos visto a muchos estudiantes entrar y salir. Una cosa hemos observado: Cuando llega alguien de un hogar en que no se ha enseñado esta lección, se deja conocer pronto. Es consentido, malcriado, respondón, altivo, es hasta insolente. Si en uno o dos años en el Instituto, el joven no corrige este defecto con la gracia de Dios, no servirá nunca como obrero del Señor. Por más que ostente consagración, no sirve; no se ha limpiado de su inmundicia.

3. LA VERACIDAD

es la tercera pared. *"No mintáis los unos a los otros, habiéndoos despojado del viejo hombre con sus hechos".* *(Colosenses 3.9)* Este es el mandamiento claro de dejar la mentira.

Es lamentable que, a veces se halla la falta de veracidad en los mismos cristianos. El versículo nos enseña que la mentira es de la naturaleza vieja. El engaño es innato en el corazón humano, tanto que el niño sabe meter embuste, sin que se le enseñe. La muerte del viejo hombre y la novedad de vida en Cristo es el único remedio.

Ahora bien, a primera vista la veracidad es la cualidad de decir las cosas como son, no mentir. Este concepto incluye:

- la honradez o probidad
- la integridad o sea el desinterés
- la lealtad o fidelidad y
- la sinceridad o franqueza.

A estas virtudes se oponen:

- el engaño o sea la mentira
- el egoísmo o sea la avaricia
- la infidelidad y la traición y
- la hipocresía y la disimulación.

Se puede analizar cada una de estas cuatro virtudes para ver la bendición que trae; igualmente se pudiera ver la maldición que trae su opuesto. Con poca meditación vemos su necesidad en el mismo manejo diario de la casa, en el amoroso servicio que rinden mutuamente los miembros de la familia para que haya paz y no riñas, en la relación entre esposos y entre los padres y los hijos, y en la reverencia para con Dios de modo que no resulte que *"de labios me honran; mas su corazón está lejos de mí"*.[6]

En cuanto a los hijos, los padres deben distinguir entre la mentira y la imaginación o fantasía. Es señal de inteligencia que el niño ejerza su imaginación. Pero tanto él como los que oyen sus relatos deben entender que no son verídicas tales cosas.

Cuando tenía cuatro años, Eduardito participó en una cena en que se sirvió una pava, la cual se había cuidado varias semanas para que engordara. Al día siguiente declaró:

—Mamá, yo fui a ver las gallinas y les dije: ¿y la pava?

Y ellas me dijeron:

—Pobrecita la pava, ella murió.

Nos reímos juntos del cuento, y no le dijimos: ¡mentira! Al contrario, cuando decía de soslayo que su hermanita de dos años le había pegado a él primero, investigábamos el caso.

Un asunto de bastante seriedad en la familia es el de negar la culpa. Esto produce complejos de culpabilidad que pueden afectar al niño durante toda su vida. Proverbios 28.13 promete: *"El que*

---

6   Mateo 15.8

encubre sus pecados no prosperará; mas el que los confiesa y se aparta alcanzará misericordia".

Recomendamos el estudio de las siguientes citas bíblicas para que la familia erija la pared de la veracidad: Salmo 15.1–4; 7.9; 139.23, 24; Proverbios 26.28.

"Escudríñame, oh, Jehová, y pruébame; examina mis íntimos pensamientos y mi corazón. Porque tu misericordia está delante de mis ojos, y ando en tu verdad". (Salmo 26.2–3) "He aquí, tú amas la verdad en lo íntimo". (Salmo 51.6)

4. LA PUREZA

es la cuarta pared. Está entre la veracidad y la reverencia: la sinceridad y el temor de Dios sostienen esta pared.

"Haced morir, pues, lo terrenal en vosotros: fornicación, impureza, pasiones desordenadas, malos deseos y avaricia, que es idolatría; cosas por las cuales la ira de Dios viene sobre los hijos de desobediencia, en las cuales vosotros también anduvisteis en otro tiempo cuando vivíais en ellas. Pero ahora dejad también vosotros todas estas cosas: ira, enojo, malicia, blasfemia, palabras deshonestas de vuestra boca". (Colosenses 3.5–8)

La inmundicia moral es otra parte de nuestra naturaleza vieja. Ni aun debemos hablar de tales cosas. Los cuentos sucios, las palabras obscenas, los cuadros indecentes no tienen lugar en el hogar cristiano. Hay revistas que presentan el cuerpo femenino casi desnudo y en forma exagerada. Tantos periódicos hay que glorifican la lujuria y están llenos de cuestiones inmorales.

Padres, ¡mejor permitir que se envenene la comida de la familia y no que entren tales cosas en la casa! ¿Hay debajo del colchón de la cama del hijo, de la hija, cosas escondidas que están leyendo furtivamente?

Mi hermano y yo hacíamos un trabajo en la casa. Papá estaba en la sala, leyendo. Nos pusimos a repetir una insolencia que habíamos oído en la calle y a reírnos de ella. De la sala vino la voz de papá:

—Geraldo, Arturo, ¿de qué se ríen?

—De nada.

—Pues, ¿por qué se ríen de nada?

Papá no era uno de esos padres inocentones o descuidados que aceptan una respuesta evasiva. Siguió preguntando hasta que confesamos toda la verdad. Entonces nos dio otra de aquellas lecciones de cuero que no se olvidan fácilmente.

El mundo es malo, Satanás es astuto, muchos peligros mortales rodean nuestras familias. Con la ayuda de Dios edifiquemos sólidamente estas cuatro paredes, para la protección moral y espiritual de nuestras familias: la reverencia, el respeto a los padres y a los mayores, la veracidad, y la pureza, a los cuales llamaremos Salvación.

CAPITULO IV

El Techo

TEMPLANZA EN EL ASPECTO NEGATIVO DE LA DISCIPLINA DE LOS HIJOS

Hay dos aspectos de la disciplina, el positivo y el negativo. Ambos son tan necesarios como los polos positivo y negativo de un circuito eléctrico.

Consideremos primero el aspecto negativo. La disciplina negativa es la que dice *no,* que pone prohibiciones, que prescribe castigos y los ejecuta. Es como el techo que está por encima de las paredes. Estas hacen un muro de salvación para la familia. El techo abriga y cubre de las tempestades y tormentas. Así las prohibiciones y las correcciones protegen de los males que pueden venir sobre la familia.

Dos veces en las Escrituras el apóstol Pablo amonesta a los padres a no provocar a ira a sus hijos: Efesios 6.4 y Colosenses 3.21. Esto indica que él había observado el abuso de la disciplina negativa, una cosa muy común hasta entre el pueblo evangélico.

Un defecto muy notable en los que están aprendiendo a conducir un automóvil, es que mueven demasiado la dirección. Si el carro se va a la izquierda, mueven la dirección a la derecha, pero demasiado. El resultado es que el carro se va a la derecha y luego tienen que moverla hacia la izquierda. Así el carro va zigzagueando y en peligro de caer a un lado o al otro de la carretera.

Así es en la disciplina de nuestros hijos. Somos alternativamente demasiado blandos y severos con ellos, con el resultado de que el niño nunca aprende a andar derecho.

Habiendo pasado el aprendizaje con mis padres cristianos, y luego en la fragua de criar a seis hijos propios, sobre el yunque de la observación y con el martillo de la experiencia, hemos elaborado algunas reglas que serán de ayuda a los demás. Son las ocho vigas que sostienen el techo.

1. **LOS PADRES DEBEN SER UNIDOS.**
    En todo asunto de disciplina y reglas del hogar, los esposos deben estar de acuerdo. Es requisito primordial. Si hay diferencia de opinión entre ellos, deben arreglarla privadamente y no delante de los hijos. *Siempre deben presentar un frente unido ante los hijos.*

Si la madre castiga a un hijo, y su padre lo recoge para consolarlo con un *¡ay, pobrecito mi hijo!, ¡Qué mala es tu madre!,* se pierde todo el valor del castigo. Si el padre le niega un permiso a un hijo y luego la madre se lo otorga, se forma un conflicto entre los padres y una confusión en la mente del niño. Él no tiene ninguna base para formar su idea de lo que es bueno o malo. Pero el niño sí aprenderá que uno de los padres le otorga su deseo, aun en contra del otro, y se aprovechará de esa debilidad de autoridad.

Algunas veces se entromete en el castigo un tercero que esté en el hogar, como una abuela o algún sirviente, en la forma ya mencionada. En tal caso los padres están en el deber de decirle al tercero, con toda cortesía, pero con firmeza, que este asunto no le corresponde y que no se meta.

En la disciplina de los hijos sea vuestro sí, sí; y vuestro no, no; y que el padre y la madre siempre digan la misma cosa.

2. SE DEBE ATACAR ENÉRGICAMENTE LA MENTIRA Y NO DECIR MENTIRAS.

"Engañoso es el corazón más que todas las cosas, y perverso...",[1] dice Dios por boca de Jeremías. Esta es la naturaleza que todos heredamos y pasamos por herencia a nuestros hijos, la cual se manifiesta en ellos desde su nacimiento. El niño no tiene que aprender a decir mentiras, ya lo sabe.

Ahora bien, la mentira no es solamente lo que se *dice* con el intento de engañar; es cualquier cosa que se *hace* para engañar. Muchos padres permiten que sus hijos los engañen. Cierran los ojos a los pequeños indicios de engaño. Esto permite que el niño se haga experto en el arte de la mentira.

Éramos tres hermanos, de ocho, seis y cuatro años. En la segunda esquina, calle abajo, se construía una casa. Un día llevamos a nuestra casa, en nuestra vagoneta, unos ladrillos del sitio de la construcción. No eran muchos. Para el contratista unos pocos

---

1 Jeremías 17.9

ladrillos no tenían importancia. Pero cuando papá llegó del trabajo y vio los ladrillos, vio, no su valor insignificante en el sentido monetario, sino el valor moral muy significante.

—Arturo, Geraldo, Pablo: ¿Dónde consiguieron estos ladrillos?

—Los encontramos botados por ahí.

—¡Botados por ahí! Los cogieron del lugar donde están haciendo aquella casa, ¿verdad?

Ya no pudimos mirarle la cara a papá, sino que tuvimos los ojos fijos en el suelo cuando contestamos que sí. Nos ordenó llevar los ladrillos otra vez al lugar donde los habíamos cogido. Creíamos que papá olvidaría, pero al día siguiente, cuando llegó del trabajo, me llamó:

—Geraldo, ¿llevaste los ladrillos?

—N...no, s...se me olvidó (bonita excusa).

Así continuó por algunos días, hasta que nos convencimos de que papá no olvidaría el asunto ni nos dejaría escapar. Así fue como un día, tres muchachos muy cabizbajos fueron con su vagoneta cargada de ladrillos a descargarla detrás del montón, buscando por cierto llegar por detrás para que los trabajadores no los vieran. En toda la vida no olvidaremos esa lección.

Cuántos padres quedarían satisfechos con la primera respuesta evasiva: *¡Los encontramos botados por ahí!*

Hay que atacar la mentira en nosotros. ¿Alguna vez los engañamos a ellos?

—Cállate, niño, o el gato viene a comerte.

—No hagas eso, o viene un brujo feo a llevarte.

Tantas mentiras de ese estilo se usan para asustar a los niños y, por medio del engaño, conseguir su obediencia. Tarde o temprano el niño aprende que los gatos no comen niños y que el brujo feo es un embuste. Entonces los padres pasan por embusteros, y lo son.

3. **EL CASTIGO SE DEBE MEDIR A BASE DEL VALOR MORAL DE LA OFENSA.**

    He visto a padres castigar severamente a un niño por dejar caer un plato y romperlo, y reírse en cambio al oír palabras obscenas pronunciadas por la lengua infantil. Dejar caer un plato es un accidente que no encierra más culpa que la del descuido, y por tanto no merece más que una amonestación o una instrucción sobre el cuidado necesario. Pero las palabras indecentes comprometen los valores morales y merecen un castigo fuerte.

4. **SE DEBE CASTIGAR DECIDIDAMENTE.**

    Eso de regañitos y golpecitos cada rato es un modo de castigar de poco o ningún valor; eso es *provocar a ira a vuestros hijos*. Si la ofensa merece castigo, se debe aplicar uno como para que el niño recuerde y no repita la ofensa.

5. NO DEBE ESTAR AIRADO EL QUE CASTIGA.

Supimos de una madre irritada que le dio a un niño en la cabeza con un leño grueso, por una ofensa insignificante. Esto es injusto y peligroso. Hasta podría morir un niño así. Los golpes en la cabeza o en la espalda, especialmente en la región lumbar, sobre los riñones, o en el abdomen, son peligrosos y fácilmente causan un daño grave y permanente.

Aparte del peligro de daños físicos al niño, hay peligros sicológicos y morales. Primeramente, el niño comprende si su padre o su madre lo castiga porque está molesto, o si es por razones justas. En el primer caso el castigo provoca la ira del niño. Además, cuando los padres están airados, hay peligro de castigar injustamente y mucho más severamente de lo que la ofensa merece. Por tanto, si estás enfadado, espera hasta que te pase la cólera; llama luego al niño, explícale las razones y notifícale cuál será su castigo.

6. HAY QUE INVENTAR UNA VARIEDAD DE CASTIGOS.

Niños hay de una naturaleza tal que mientras más disciplina reciben más duros se ponen. Pero, por otra parte, son muy susceptibles. Si se les niega un dulce, o un paseo, o una hora de juego, eso les llega al alma.

Solo se necesita un poquito de imaginación para inventar un castigo bien ajustado al caso, que produzca el resultado deseado: el arrepentimiento y la corrección.

7. SE DEBE CORREGIR CUALQUIER INJUSTICIA QUE SE COMETA CONTRA LOS NIÑOS.

"El errar es humano, el perdonar, divino", dice un proverbio popular. Por cuanto somos humanos, somos propensos a errar y a castigar a nuestros hijos injustamente. Si descubrimos que hemos castigado a un hijo injustamente, debemos ir inmediatamente al niño y confesar nuestro error y corregirlo. Es justo. No debemos creer que, por ser mayores, tenemos derecho de violar el sentido de justicia de los niños. Al contrario, por cuanto sus sentimientos son delicados y están en su período formativo, debemos tener mayor cuidado de no herirlos.

Una injusticia contra un niño queda como una espina, hiriendo sus sentimientos delicados. Muchos llevan tales espinas en sus almas hasta la muerte. Por estas violencias los padres pierden la confianza de sus hijos, su respeto y por fin su amor. Una vez perdidos, es casi imposible recobrarlos.

Dos de nuestros hijos estaban peleando por un juguete. Ordené al mayor que se lo diera al menor para terminar el pleito y para enseñarle al mayor a dar preferencia al menor. Más tarde encontré al mayor en una pieza, llorando desconsoladamente. Le pregunté por qué lloraba. Me contestó:

—Pero, papá, ese juguete era mío. Lo compré con mis propios centavos que he ahorrado, y era mío.

Comprendí la injusticia de lo que había hecho y lo hondo de la herida en su corazón. Le pedí perdón y ordené al otro que devolviera el juguete a su verdadero dueño. Ambos quedaron contentos.

8. SE DEBEN CUMPLIR ESCRUPULOSAMENTE LAS PROMESAS.
—Bueno, Juanito, quédate aquí en casa con tu hermanita y con Isidra, y cuando volvamos te traeremos unos caramelos.

Con estas palabras el padre y la madre de Juanito se despidieron para ir a la ciudad vecina y volver después de unas horas.

Cuando Juanito oyó el carro que viraba en la esquina, de regreso, corrió a la puerta gritando:

—¡Mis caramelos, mis caramelos!

La madre lo vio y oyó su voz. Dijo a su esposo:

—¡Ay! Olvidamos los caramelos. No pares el carro. Da una vuelta, a una bodega, para comprar los caramelos.

Era imposible no cumplirle a Juanito; para él los caramelos representaban la palabra de honor de sus padres. Juanito tenía tres años entonces. Ahora es hombre. Conserva una confianza absoluta en sus padres y un profundo respeto hacia ellos. ¿Por qué? Los caramelos y otras tantas cosas semejantes se cumplieron.

Finalmente, como caballete del techo, agreguemos que las Escrituras mandan corregir al niño. Algunos sicólogos de nuestro tiempo enseñan que al niño no se le debe poner prohibiciones, para que en su mente no se formen inhibiciones. Se debe permitir que exprese y desarrolle su personalidad sin inhibiciones, para que no se le formen complejos en la mente, en la personalidad, o en las emociones.

Todo eso va en contra de la Biblia, que es el mejor manual de sicología que se ha escrito o que esté por escribirse. El niño necesita corrección, necesita dirección e instrucción, y sobre todo necesita sentir seguridad y confianza en algo mayor que él mismo. Esta confianza la inspiran los padres que ejercen una disciplina con amor. Los padres que cumplen su palabra, que establecen sanas reglas en el hogar y demandan su cumplimiento, dan ese algo estable, seguro, digno de confianza que es la necesidad primordial de la mente del niño. Este es el cabal resultado de un amor verdadero entre los padres y los hijos.

"Hijos, obedeced a vuestros padres en todo, porque esto agrada al Señor".[2] "La necedad está ligada en el corazón del muchacho; mas la vara de la corrección la alejará de él".[3] "El que detiene el castigo, a su hijo aborrece; mas el que lo ama, desde temprano lo corrige".[4]

Si aplicamos "la vara de corrección" de acuerdo con estas reglas, lo haremos de una manera que no provocará a ira a nuestros hijos y ellos no se harán de poco ánimo. Así, con la dirección y la obra del Espíritu Santo de Dios en nuestros hogares, criaremos hijos sabios que alegrarán a sus padres y no hijos necios para tristeza de sus madres.

"Porque Jehová al que ama castiga, como el padre al hijo a quien quiere". (Proverbios 3.12)

---

2   Colosenses 3.20
3   Proverbios 22.15
4   Proverbios 13.24

CAPITULO V

Las Ventanas

TEMPLANZA EN EL ASPECTO POSITIVO DE LA DISCIPLINA DE LOS HIJOS

Si la primera parte de este versículo alude a la disciplina negativa y sus abusos, esta parte nos habla del aspecto positivo de ella. Nos habla de criar a nuestros hijos, de dirigir su desarrollo con inteligencia y de guiar sus actividades. Nos habla de disciplinarlos en el sentido de enseñarlos e instruirlos. Y nos indica que todo esto debe hacerse en el Señor, es decir, bajo la dirección divina, con todo correctamente relacionado con Dios y con su Hijo Jesucristo. Nos impone la obligación de encaminarlos en la sabiduría cuyo principio es el temor de Jehová.

Si la disciplina negativa pone prohibiciones y corrección cual un techo para abrigar a la familia, la disciplina positiva los capacita para gozar de la vida temporal y eterna, y les da una perspectiva correcta de las realidades de la vida. Sus preceptos son como

45

ventanas que se abren para permitir la vista de las bellezas de la tierra que Dios preparó.

La disciplina positiva e instructiva requiere estudio y preparación. Los padres tienen que observar cuidadosamente el carácter y el desarrollo de cada niño. Los niños son individuos; son diferentes los unos de los otros. Por tanto, hay que considerar y dirigir a cada uno individualmente.

Si se enferma un niño, los padres corren a buscar al médico. Pero muchos ven con indiferencia las enfermedades morales y los trastornos del desarrollo mental e intelectual de sus hijos.

Un padre había descuidado la crianza e instrucción moral y religiosa de su hijo. Cuando grande, el hijo fue criminal y pasó largo tiempo huyendo de la justicia. El padre, ya viejo, vivía solo. Tarde, una noche, el hijo apareció en la casa y lo convidó al bosque a ver una cosa. Lo llevó a un árbol viejo, torcido y feo. Lo mandó a enderezar el árbol y amenazó matarlo si no lo enderezaba en seguida.

El padre sorprendido respondió:

—Hijo, ¿cómo es posible que me exijas tal cosa? Si el árbol fuera nuevo y tierna la madera, le pondría unos palos al tronco para que creciera derecho; pero ya la madera está dura y es imposible enderezarlo.

—Ese árbol soy yo —contestó el hijo—. Cuando niño me hubieras enderezado; pero ahora estoy viejo y duro, y es imposible enderezarme.

Estudiemos pues, y hagamos grandes esfuerzos para que nuestros hijos crezcan derechos. Como ayuda para esta ardua tarea, propongo otra serie de reglas:

1. **HAY QUE DAR PRIMERA IMPORTANCIA A LA VIDA RELIGIOSA DEL HOGAR.**

   Los padres han de vivir vidas cristianas consecuentes con su profesión religiosa. Un padre no puede enseñar a sus hijos a ser mansos y humildes si él mismo tiene sus arrebatos de ira. No puede enseñar a sus hijos la pureza de pensamiento y de conversación si en momentos de descuido o de ira suelta palabras indecorosas. Una madre no puede enseñar a su hija a ser veraz si la manda a contestar en la puerta: *Mamá no está en casa.*

Conocemos padres cristianos cuyos hijos no siguen el camino del Señor. Nos hemos preguntado, ¿por qué? Hemos observado que casi siempre hay alguna inconsecuencia seria en la vida de los padres. Es que el padre y la madre pelean y no están de acuerdo, o que el padre manda en su casa a gritos y con despotismo, o que la madre es muy larga de lengua. Los padres deben vivir vidas cristianas ejemplares, de modo que puedan decir: "Sed imitadores de mí, así como yo de Cristo".

Una mañana de invierno, un padre salió de su casa para el trabajo. Tenía la costumbre de entrar en la cantina de la esquina para tomarse su traguito de la mañana. Durante la noche había caído una leve nieve en la cual dejaba claramente marcadas sus pisadas. De pronto oyó una voz:

—Papaíto, mira, papaíto.

Era su hijito que había salido tras él. Venía el niño estirando sus pasitos para plantar los pies en las huellas de su padre.

—Mira, papaíto, cómo puedo poner los pies en las mismas huellas tuyas.

El padre se quedó pensativo, muy pensativo. Su hijo seguía sus huellas hacia la cantina. Desde aquel día no entró más a la cantina.

Hemos hablado ya de la oración familiar, pero aquí la mencionamos en su relación con los niños. El culto familiar debe hacerse al alcance del niño más pequeño del hogar. Cántese un himno o un corito para niños. Léase una porción corta y fácil que entiendan los niños. Explíquese la historia o la porción leída en palabras sencillas. Hágase la oración corta y sencilla. Enséñese a cada niño a orar con palabras que entienda. Las oraciones de los niños son música preciosa a los oídos de Dios.

Y, por último, que los padres oren y trabajen hasta que cada hijo sea en verdad renacido. Que no se dejen engañar. Que no den nada por sentado. Que no crean que sus niños son angelitos del cielo. ¡Pronto se sentirá olor de humo en sus alas! No se crea que un hijo es renacido porque canta himnos y dice su versículo de memoria en la escuela dominical.

Job madrugaba para hacer sacrificios y orar por sus hijos, porque decía: "Quizá habrán pecado mis hijos, y habrán blasfemado a Dios en sus corazones". Haced vosotros lo mismo. Orad por ellos y no quedéis satisfechos hasta que estéis seguros de que todos son verdaderos cristianos.

2. HAY QUE VIGILAR Y DIRIGIR LAS ACTIVIDADES DE LA FAMILIA.

Hemos hablado de la necesidad de que la familia haga las cosas en unión: comer juntos en la mesa, leer juntos, jugar juntos, trabajar juntos. En relación con la disciplina positiva hay algo más que decir.

Los padres deben hacer un esfuerzo y un estudio especial sobre la conversación alrededor de la mesa. Esta puede hacerse muy interesante e instructiva, o puede degenerar en una charla necia sin ningún valor. Algunos aprenden de memoria versículos o porciones de la Biblia durante una de las comidas del día. Repiten los versículos ya aprendidos y luego aprenden otro nuevo. Otros usan acertijos en que uno escoge el nombre de un personaje bíblico o histórico y los demás tratan de descubrir cuál es, por medio de preguntas que pueden contestarse con un sí o un no.

Los juegos y estudios de palabras son interesantes y provechosos, con palabras parónimas, por ejemplo.

—¿Cómo se escribe callo, con *ll* o con *y*?

—Con *y*.

—No...

—Con *ll*.

—Muy bien. Y ¿qué es un cayo con *y*?

—Es aquella parte dura que se forma en la mano por el trabajo.

—No, esa clase de callo es con *ll*.

Así sigue la conversación hasta que uno busca las palabras en el diccionario. Nuestro idioma abunda en palabras semejantes y en otras cosas muy interesantes. Hasta los niñitos de edad preescolar aprenden algo en estas conversaciones.

Hay que variar tales cosas para que no lleguen a fastidiar. A veces un hijo querrá conversar del juego de béisbol o de otro deporte. En todo les toca a los padres dirigir cuidadosamente la conversación, procurando que sea de interés común, y que no toque temas no convenientes.

Además, los padres deben jugar con sus hijos y trabajar con ellos a fin de cultivar su compañerismo.

3. **HAY QUE DAR A LOS NIÑOS ALGO CONSTRUCTIVO Y EDIFICATIVO QUE HACER.**

   No basta decirle al niño que no haga tal o cual cosa. Hay que darle otra ocupación. Sus mentes son activas, llenas de curiosidad, y sus cuerpos llenos de energía. Si no se les buscan ocupaciones buenas, el diablo les dará qué hacer. Él tiene trabajos para las manos desocupadas.

Hemos visto niñas de tres o cuatro años con hilo y aguja, aprendiendo a coser. ¡Qué orgullosas se sienten de su trabajito! En la isla de Margarita vi a una niña, que no tendría más de cuatro años, con un macuto de huevos y botellas de leche atado a la cabeza y con un huso en la mano, hilando. El niño que clava cuatro tapas de lata en una tablilla para hacer un carrito se goza más de su carrito que de uno pintado y bonito que le compre su padre. Cuesta menos y el niño aprende más.

Entre los regalos de Navidad que recibió mi nieto de cuatro años, había un estuche de herramientas: un martillo, un berbiquí, un destornillador, un serrucho. Este es el regalo que le agradó más y que lleva consigo dondequiera. Cuando su padre tenía diez años le hice un banquito de carpintería y le compré unas herramientas. En cada cumpleaños o en Navidad le comprábamos otro hierro para su tallercito. Él y sus hermanos pasaron muchas horas haciendo carritos, mesitas y otras cosas. Aprendieron a amar el trabajo, a manejar hierros y, sobre todo, perdieron el atractivo de la calle.

Visitamos un hogar donde el hijo de doce años nos llevó a su pieza. Con orgullo nos mostró su acuario. Tenía peces, sapitos, tortugas y otras especies de vida acuática que él estaba estudiando científicamente. Algún día ese joven será veterinario marino. ¿Cuál hubiera sido el resultado si su madre le hubiera dicho:

—No, ¡sácalos de aquí! ¡No puedes tener esos sapos en la casa!?

A un niño le gustan los sapos, a otro los martillos; una niña querrá coser y otra pintar. La cosa es que los padres animen y ayuden y dirijan a sus hijos en tales actividades. El niño de los sapos llegará a ser médico; el del martillo, ingeniero; la niña que cose, una madre de familia; y la que pinta, artista. Pero si sus padres los desaniman, los mandan a botar esos sapos, es posible que lleguen a ser vagabundos.

4. HAY QUE DARLES ALGUNA RESPONSABILIDAD Y VER QUE LA CUMPLAN.

El niño de tres años puede aprender a guardar su ropa en el ropero. La niña de seis años puede aprender a asear su pieza. La de doce años puede hacerse responsable de fregar la loza, después de la cena, o de preparar el desayuno. Lo importante es asignarle a cada uno algún trabajo, ajustado a su edad y a su habilidad, que tiene que hacer todos los días.

Si se asigna una tarea y no exigimos su cumplimiento, no hemos hecho sino enseñarles la informalidad.

—Pedro, por favor, recoge la basura.

Una hora después la madre halla a Pedro jugando pelota y la basura no recogida. No debe pedirle a Juan, que no está jugando, que recoja la basura. Debe ordenarle a Pedro dejar su juego y cumplir lo mandado; después puede jugar. Habrá que repetir la lección con firmeza varias veces; pero al fin Pedro aprenderá que primero es el trabajo, luego el juego. Pero si dejamos que Pedro se escape algunas veces, perdemos la batalla y Pedro nunca aprenderá a ser responsable.

Por supuesto, no debemos siempre asignar trabajos desagradables, ni por parcialidad darle todos los trabajos desagradables a uno solo de los niños. Pero todo niño debe aprender que hay que cumplir la tarea desagradable cuando le toque. Es una realidad de la vida que todos tenemos que hacer algunas cosas que no nos gustan. Es bueno que el niño aprenda esta lección.

5. ES NECESARIO CULTIVAR EL COMPAÑERISMO Y LA CONFIANZA.

Estaba yo sentado, reparando un reloj ordinario sobre la mesa. Nuestro hijo mayor, de tres años, se trepó en una silla y metió su cabecita a empujones por debajo de mi brazo.

—Papá, quiero ver cómo se compone el reloj.

¿Qué debía yo hacer? ¿Decirle: «¡Quítate de aquí! ¡Vas a romper algo! ¡Anda, vete, que estoy ocupado!»?

¿Hubiera sido lo correcto decirle así? Así hubiera alejado a mi hijo y hubiera dañado sus sentimientos, que valen más que un reloj. Le puse una silla donde podía ver sin tocar. Ahora es hombre. Sabe reparar relojes finos y hacer muchos otros trabajos. Mejor que todo, siempre ha sido muy allegado a su padre.

Una niña dice:

—Mamá, quiero ayudarte a fregar los platos.

—No, niña. Tú lo que vas a hacer es romper platos. Quítate, que me estorbas.

La niña sale llorando, con el corazón herido. La madre sigue refunfuñando:

—Esa muchacha impertinente, siempre quiere meterse donde no debe.

La mamá no comprende que ha perdido una oportunidad preciosa de cultivar el compañerismo y la confianza de su hija y de enseñarle algo. Cuando llegue a la adolescencia y necesite los consejos y la confianza que sólo su madre puede darle, la niña irá a buscar compañeras malas para recibir instrucción perversa. Y la madre preguntará, ¿por qué?

Una señorita dijo de otra muy conocida: No hay cosa que entre en su mente que no se la diga a su madre.

¿Por qué siente aquella señorita tanta confianza en su madre? Porque desde chiquita su madre cultivaba su compañerismo. Trabajaban juntas, leían juntas, conversaban juntas, y nunca su mamá hirió sus tiernos sentimientos.

6. ES NECESARIO SABER DÓNDE ESTÁN LOS HIJOS Y QUÉ HACEN.

Es mejor que los hijos de los vecinos vengan a jugar con nuestros hijos en nuestro patio. Da cierta molestia a la madre, pero ella puede saber qué hacen y de qué conversan. Cuando corren y luchan y gritan, están bien. Pero cuando están escondidos y callados, ¡quién sabe qué hacen o de qué hablan!

Llegamos tarde a un servicio especial. El templo estaba repleto de gente. Mi compañero y yo nos quedamos en el patio, oyendo por la ventana. Algunos de los hijos e hijas de los hermanos estaban en el patio jugando. Pronto nos dimos cuenta de que entre ellos se trataba algo obsceno. Los padres estaban en el templo, muy despreocupados, con la mira en las cosas de Dios, mientras en el patio el diablo se llevaba a sus hijos.

Padres, madres: hay que saber dónde están vuestros hijos y qué hacen. No hay que cerrar los ojos a la realidad. El mundo y el diablo tienen miles de maneras de corromper las mentes de nuestros hijos. "Las malas conversaciones corrompen las buenas costumbres".

7. HAY QUE HACER EL HOGAR ATRACTIVO DE TAL MANERA QUE LOS HIJOS DESEEN ESTAR EN ÉL.

La sala de la casa debe estar aseada, atractiva, y bien alumbrada. En ella los niños pequeños jugarán y se sentarán con sus padres a leer libritos o a oír la lectura de historias bíblicas. En ella los hijos mayores pasarán horas leyendo, cantando, jugando, estudiando o charlando con sus amigos, después de la cena. Pero si la sala no es atractiva, querrán salir a la calle, al cine o a la cantina. Esos lugares están bien alumbrados. Sus dueños saben que la luz atrae.

Alguno pondrá la objeción de que la pobreza no permite hacer atractivo el hogar. Los muebles lujosos no son precisos. El costo del alumbrado es mínimo. Hay que hacer un sacrificio y un esfuerzo para hacer nuestros hogares atractivos para nuestros hijos. Eso es tan necesario como los alimentos y la ropa. El aseo, la buena luz y el espíritu cordial son los tres atractivos.

En la sala del hogar de mis padres había un piano, comprado con sacrificio, porque eran pobres. Todos los hijos recibieron lecciones de música, otro gasto hecho con sacrificio. Un hermano tocaba trompeta. Pasamos muchas horas felices tocando. Nuestros condiscípulos iban a nuestra casa y allí estudiábamos juntos. Mi hermana preparaba algún dulce para servir. Mamá, ya viuda, siempre estaba con nosotros; buena compañera, consejera, pero nunca regañona. Aun amigos no evangélicos gozaban de ese ambiente amigable y lo preferían a la calle. En todo se mantenía un testimonio cristiano. Mamá sabía dónde estaban sus hijos y qué hacían, porque se esforzaba en tener el hogar atractivo para ellos y para sus amigos.

Esta disciplina positiva requiere sacrificio, trabajo y templanza; pero produce en los hijos un amor a lo bueno y a lo bello, y un aprecio y una perspectiva de las realidades de la vida.

*"Tu mujer será como vid que lleva fruto a los
lados de tu casa; tus hijos como plantas de olivo
alrededor de tu mesa ... así será bendecido
el hombre que teme a Jehová"*

(SALMO 128.3, 4)

CAPITULO VI

El Jardín

LOS NIÑOS SON PERSONAS

Malaquías profetizó: *"Él hará volver el corazón de los padres hacia
los hijos, y el corazón de los hijos hacia los padres, no sea que yo venga
y hiera la tierra con maldición". (Malaquías 4.6)*

Así termina el Antiguo Testamento. Aparte del significado
profético de esta porción, hay aquí implícito un principio moral
universal: cuando la armonía y la comunicación entre padres e
hijos se pierden, y cuando esto llega a ser una condición general en
cualquier país, una maldición cae sobre esa nación.

Esta falta de amor y de comprensión se debe principalmente
al egoísmo y a que a los niños no se les reconoce la dignidad de
ser personas.

Alfredo tenía once años y su hermanito año y medio, cuando nació Estercita. Unos días después Alfredo preguntó:

—Mamá, ¿Juanito sabrá que Estercita es una personita?

Si, eso lo sabía Juanito. Unas noches antes de nacer la hermanita, los padres querían que Juanito ocupara una cama nueva para que la nena ocupara la cuna. Pero Juanito no quería entregar su cunita. La noche cuando Ester nació, Juanito se acostó en su cuna. Por la mañana se despertó en su cama nueva y vio a su hermanita en la cuna. Jamás hizo reclamos por su cuna. Otra persona había llegado, y era de ella.

De muchas maneras los padres violan la dignidad personal de sus hijos. Esto aleja a los niños de sus padres. Esto interrumpe la comunicación y la armonía.

El mundo se escandalizó por la noticia de una muchacha de 18 años que fue asesinada junto con su amante hippy. Había gozado de todas las comodidades de la vida. Pero la noticia revela dos cosas:

1) Ambos padres eran divorciados y se habían vuelto a casar, y ella nació de esta unión. Había cinco hermanos, hijos de la madre o del padre. 2) Decía que "mis padres me daban grima; siempre me gritaban". Esa actitud negativa de los padres le importaba más que todas las comodidades de la riqueza.

Algunos padres gritan y tratan a sus hijos de una manera que nunca usarían en sus relaciones de negocios, o con un sirviente. Los niños son personas y se les debe hablar como a gente.

Una muchachita de seis años se paró en la puerta y preguntó:

—Y tú, ¿para dónde vas?

Así le preguntó al abuelo que salía de la casa.

¿Por qué esta falta de respeto? Su tono de voz y énfasis eran exactos a los de su mamá, quien más de una vez le había hecho a la muchacha la misma pregunta.

—¿A dónde vas, hija? ¿Pediste permiso a mamá?

Esta hubiera sido una manera mucho más cortés y hubiera respetado la dignidad de la niña.

Cuando los Estados Unidos entraron en la primera guerra mundial, en todos los liceos y universidades se instalaron unidades militares para que los jóvenes se adiestraran a la vez que estudiaban. En una escuela, un profesor de inglés que había tenido algo de instrucción militar hacía años, recibió el encargo de organizar un destacamento. Colocó a sus muchachos y les dio la orden:

—A la derecha, *por favor*.

Se le olvidó el *ir*. Los muchachos se rieron juntamente con él. Esto quiere decir que *por favor* no es una expresión de mando.

Por supuesto, debemos enseñar a nuestros niños, por medio del ejemplo, que sean corteses y que digan *por favor* y *muchas gracias*. Pero debemos reconocer que *por favor* no es una expresión para mandar. Y cuando se usa como tal, pronto degenera.

—Señor, por favor..., —le dice un padre a su hijo en tono amenazante, que quiere decir— Tú, si no lo haces, te doy cuero.

En una conversación, *perdóneme* puede significar *mentiroso*. Todo reside en el tono de voz y en la disposición del corazón. Un mal tono de voz y una mala actitud de corazón rompen la comunicación.

—Pedrito, ¿por qué no hiciste lo que te mandé? —Y la voz de la madre se va debilitando hasta terminar en llanto. Pero con esa expresión se le ha dicho a Pedrito que ella se rinde, que él es quien manda y que no tiene que obedecer a su madre. En tal caso, a Pedrito no se ha tratado como a una persona responsable. Se le ruega, se le lisonjea como si fuera un monstruo de dos pies, y pronto se volverá un monstruo de dos pies. Y la distancia entre Pedrito y su mamá se hace más grande.

Otro error es fijar un plazo para que el niño empiece a obedecer; por ejemplo, contar hasta diez.

—Uno, dos..., tres, cua...tro, (apúrate), cin...co, seis, sie...te, o... cho, nueve... (ya lo voy a decir), di...i...ez—. Antes de oír la e con la z Roberto se mueve.

Un amigo se fijó en un padre que mandó al hijo a hacer una cosa y empezó a contar con ritmo:

—Uno, dos ... —y antes que llegara a tres el muchacho estaba obedeciendo. Una buena idea: Con tres tienen.

Así, me figuro que pueden moverse en tres lo mismo que en diez.

Esto hace surgir la pregunta, ¿para qué contar? Ningún negociante da jamás a su empleado diez ni tres tiempos para ejecutar una orden. Una instrucción dada, de manera digna a una persona inteligente, espera el debido cumplimiento. Otros métodos son una invitación a la desobediencia o una prueba a la medida de paciencia, para ver hasta cuánto puede tardar en empezar a obedecer, y aumentan la distancia entre el padre y el hijo. El Señor dijo: *"Pero sea vuestro hablar: Sí, sí; no, no; porque lo que es más de esto, de mal procede". (Mateo 5.37)*

Avergonzar a un niño delante de la gente es una de las peores cosas que se puede hacer. Si el niño necesita una reprensión o un castigo, se debe llamar aparte, o esperar hasta que se le pueda administrar el castigo en privado y con calma. El niño no se resiente por un castigo justo cuando comprende la razón. Pero cuando se le agrega al castigo la vergüenza de que se administre en presencia de otros, llega a ser cosa injusta y produce resentimiento y heridas morales que alejan al niño de sus padres.

Bien conocida es la madre que relata a los visitantes las travesuras de su hijito Jaime, en presencia de él.

—Por ejemplo, mi Jaime; él es un muchacho tan activo que no puede estar quieto; y no hay cosa que no pueda inventar para molestarme ... ¡Jaime! ¿Qué estás haciendo tú? ... Bueno, como yo decía...—. Por supuesto que Jaime tenía que demostrar sus travesuras en ese instante: Se lo había dicho su mamá.

¿Por qué será que la madre de Jaime quiere hablar de su tremendo comportamiento? ¿Será para ganarse la simpatía de sus amigos, o para justificar su mala relación con su hijo? Estos últimos son móviles egoístas y no nacen del amor verdadero.

¿Y gritarle a un niño? Demuestra una falta básica de dominio propio y de amor paternal. El uso de frases de ironía o de sarcasmo y el uso no cortés de palabras de cortesía, demuestra una falta básica del amor y de la comprensión. A veces las palabras corteses se emplean para cubrir pensamientos no corteses, y las expresiones demasiado amorosas para tapar una falta básica de amor.

Hay padres que no aman a sus hijos: Les son molestia. Pero buscan esconder la verdadera condición del corazón. No te engañes: Los niños reconocen eso. Ellos pueden distinguir entre el amor verdadero y la hipocresía. Son atraídos por el primero y se alejan de la última.

Una muchachita dijo:

—Me gusta mi papá, pero mi mamá no, porque ella me grita y me habla feo.

En la escuela se le pidió a esta niña que escribiera un relato. He aquí su esfuerzo: "Había una vez una muchachita y su mamá se murió; y la mandaron a un orfanato donde vivió feliz para siempre".

¡Trágico! Sí. Pídele al Señor que te revele si tal tragedia está desarrollándose en tu hogar.

Los niños son personas. Reconozcámosles la dignidad de personas y tratémoslos como a gente.

CAPITULO VII

Las Plantas del Jardín

LOS HIJOS SON DE ESTIMA

El profeta pone en primer lugar el volver el corazón de los padres hacia los hijos; el volver el corazón de los hijos hacia los padres sigue lógicamente. Primero tienen que amar los padres; los hijos amarán porque primero se los amó. Podemos deducir de esto el siguiente corolario: El alejamiento empieza por los padres.

Para llegar al fondo del asunto, pondré algunas preguntas muy personales.

Puedes contestarlas al Señor en tu corazón. Madre, cuando supiste que estabas en estado, ¿estabas airada o resentida? Padre, ¿te enfadaste y culpaste a la esposa cuando ella te anunció el caso? Estas actitudes resultan en un niño no deseado y rechazado. Esta es una parte de lo que decía San Pablo cuando daba como característica de los últimos tiempos la presencia de hombres *"sin afecto natural"*. *(2 Timoteo 3.3)*

"He aquí, herencia de Jehová son los hijos; cosa de estima el fruto del vientre". (Salmo 127.3)

Nuestra época moderna se cree más sabia que la inspirada palabra del Salmo 127. Pero no lo es. *"Porque mis pensamientos no son vuestros pensamientos, ni vuestros caminos mis caminos, dijo Jehová. Como son más altos los cielos que la tierra, así son mis caminos más altos que vuestros caminos, y mis pensamientos más que vuestros pensamientos". (Isaías 55.8–9)*

Aunque el niño no deseado tampoco es amado, a veces es objeto de gran ostentación de afecto. Esto es un mecanismo de defensa para ocultar la verdadera condición del corazón, y es hipocresía. Los padres regalan al niño muchas cosas, pero no le dan nada de sí mismos. Son profusos en palabras dulces a la vez que son capaces de decir cosas picantes con palabras de cariño. El niño comprende esta hipocresía y se rebela.

Padres, esto es pecado. Confesadlo y apartaos de él. Pedid al Señor un amor verdadero hacia vuestros hijos, y entonces empezad a darles de vosotros mismos. Anoto un ejemplo.

En una de nuestras vacaciones de la obra misionera, ya para celebrar nuestras bodas de plata, mi esposa y yo nos pusimos de acuerdo para terminar nuestros estudios universitarios. Vivíamos con nuestros tres hijos menores en una casa rodante y otra pieza adjunta. La menor tenía casi cinco años. En una ocasión, después de la cena y en medio del apuro de tesis y exámenes, gasté una media hora en un sencillo juego de manos con la muchachita. Nunca olvidaré el gozo con que ella brincó diciendo:

—¡Mi papá jugó conmigo! ¡Mi papá jugó conmigo!

Le había dado un poquito de mí mismo. Hubiera valido la pena salir mal en un examen, pero no salí mal.

El dicho de que "a los niños hay que verlos, pero no oírlos", no es verdadero. Lo que sí es verdad es que no se debe dejar que los niños monopolicen la conversación. Pero fíjese que el muchacho rechazado es el que se porta mal y trata de obtener toda la atención de la gente. ¡Mejor es la atención con desagrado que ninguna atención!

En la mesa o en la sala, aun cuando haya visitas, los niños deben incluirse en la conversación. Esto no debe hacerse a manera de concesión, sino de un modo natural, aceptándolos como a personas.

Una de las primeras lecciones que tuvimos que aprender como misioneros extranjeros fue la de que es una gran falta de urbanidad hablar inglés con nuestros compañeros, si está presente una persona que no entiende ese idioma. Es una falta muy común y con razón muy sentida. ¿Será menos cortés hablar solamente de temas de adultos en presencia de los niños? La conversación debe hacerse placentera para todas las edades presentes y todos deben participar en la conversación. Los asuntos de adultos se pueden tratar con las visitas cuando los niños se hayan retirado.

En la universidad evangélica de Wheaton, Illinois, EEUU, los estudiantes que se van a graduar tienen que presentar los formidables exámenes comprensivos. Uno de estos exámenes es de la materia de especialización, estudiada en todo el curso de cuatro años. El otro es un examen de humanidades o cultura general. Una señorita que se graduaba del conservatorio de música no solamente salió bien en la música, sino que sacó en humanidades las notas más altas que había habido en varios años. El director del conservatorio la llamó para preguntarle cómo había logrado eso. Contestó:

—Siempre me ha gustado leer, y en casa hablamos de todo en la mesa y estudiamos juntos todas las noches.

La hora de comida en casa de una de las familias más simpáticas que he conocido era un rato de especial gusto. Y no fue tanto por la comida, porque a veces "tenían el pesebre alto". Pero siempre había una conversación interesante y viva, y había acertijos y juegos de palabras; "gimnasia mental", los llamaba el padre de la familia. Todos los niños participaban, todos los seis. ¿Valía la pena? Ahora todos son adultos y están algunos acercándose a las canas. Son personas despiertas, de mente ágil, y cada uno está logrando éxito en su profesión.

Otra dignidad que se les debe brindar a los hijos, como personas, es la de hacerlos socios en los proyectos familiares. Daba gusto ver a una familia en la cual trabajaban todos unidos, construyendo su casa. Los adolescentes trabajaban al par con su padre en los trabajos más pesados. Aprendieron cuánto pesa un balde de concreto, y no les hizo ningún daño. Los menores ayudaron a su mamá a pintar y a sembrar la grama y las matas. De una manera especial esa casa fue la casa de ellos. Y ninguno de esos muchachos cree que sus padres son muy severos o tiranos.

Uno de estos jóvenes, que ya está para graduarse del liceo, era un tanto difícil de disciplinar cuando estaba pequeño. Sus padres lo trataron con amor, con firmeza. Ahora él es más allegado a sus padres que los demás. A la vez, ha estado tan ocupado haciendo las cosas con su padre y aprendiendo de él, que no ha tenido tiempo para descubrir cuánto sabe él mismo y qué atrasado y caduco está el viejo.

Hay una familia que tiene terrenos en un parque nacional. Durante muchos años mantuvieron un hato y todos los años llevaban las vacas al parque para suplir la leche a los turistas. Con las ganancias de este trabajo, todos los hijos, por turno, cursaron su carrera en la universidad. Todos trabajaron felices en el proyecto familiar de educarse. Y pasaron años felices y *vacaciones* felices en esta forma. He aquí el registro de esa familia: un rector universitario, un profesor universitario, un médico, dos misioneros en el África, una esposa de pastor evangélico y un contratista agrario que es anciano de su iglesia.

Mientras pasan los jóvenes por la adolescencia al estado de adultos, hay que concederles la dignidad y la responsabilidad de su edad. *"Sean nuestros hijos como plantas crecidas en su juventud".* *(Salmo 144.12)*

Había una escuela interna para hijos de misioneros que tenía desde el primer grado hasta dos años de universidad. Una vez los jóvenes mayores fueron enviados a la ciudad a una conferencia y se le dio a cada uno un real para gastarlo libremente, siempre que no fuera en caramelos. Uno de los muchachos echó su real en la ofrenda. Al salir de la iglesia vio un real en la acera, lo recogió y compró caramelos. Entonces la conciencia le empezó a remorder y lo confesó a los directores. Gracias a Dios que hay muchachos de conciencia tierna; pero todo este asunto es ridículo. Esa gente no quería darles a sus jóvenes la dignidad y la responsabilidad de su edad.

Otro muchacho de trece años escribió a sus padres: "La señora X me llamó hoy a su oficina para enseñarme el billete que ustedes me mandaron de cumpleaños, y para que decidiéramos qué sabor de helados íbamos a comprar con él para mi fiesta de cumpleaños". ¿Quién haría la decisión? La señora X. ¿Quién quedó satisfecho? Solamente ella, porque el muchacho sabía que no era él quien iba a disponer de su regalo de cumpleaños.

Cuatro años más tarde ese mismo muchacho estaba con sus padres. Su padre le dio con qué comprar un sombrero. El muchacho se quedó indeciso y dijo:

—Papá, vamos los dos a escoger el sombrero.

—No, hijo, compra tú el que más te guste.

Salió en seguida a comprarse el sombrero. Él sí tenía edad de tomar una decisión.

A dos jóvenes de quince años se les entregó un trabajo, algo delicado, de grabar unas letras en una madera. El dueño los instruyó en el arte, hasta en los detalles de cómo se toma el buril en la mano y cómo se corta en relación con la fibra de la madera, y les mostró los lugares en los cuales había peligro de afear su trabajo. Después de dar estas instrucciones adecuadas y observarlos un rato en la tarea, el dueño se fue, y los dejó por su cuenta. Los muchachos se sorprendieron de esta muestra de confianza y se animaron para hacer un buen trabajo, y sacaron las letras sin un error. No se les trató como a niñitos irresponsables, sino como a hombres responsables, y ellos correspondieron.

A los jóvenes no solamente se les debe conceder la dignidad y responsabilidad de su edad, sino que se les debe enseñar a tomar decisiones responsables.

No se les puede tirar al agua con un "nada o ahógate". Hay que indicarles los factores que entran en una situación dada para que puedan tomar una decisión responsable. Entonces se les hace entender que a ellos les queda la decisión y también las consecuencias, sean buenas o malas.

Aprendemos las cosas cometiendo errores. "Echando a perder se aprende". Por supuesto, hay algunos errores de consecuencias tan severas que hay que evitarlos a toda costa. Pero tenemos que dejar que nuestros jóvenes hagan algunos errores propios, y que por ellos aprendan. Hay que amonestarlos para que no hagan el mismo error dos veces. Nosotros, los de la generación que pasa, hicimos más errores que los necesarios, y todavía los hacemos.

La finalidad de todo este asunto es que tratemos a los jóvenes como a personas responsables. Este trato suprimirá la rebelión y ganará la admiración y el afecto de los jóvenes. Todas estas cosas, junto con la enseñanza y el ejemplo cristiano consecuente en el hogar, serán usadas por el Señor para *volver el corazón de los hijos hacia los padres*.

CAPITULO VIII

Los Años de Frutos Maduros

LA RECOMPENSA DE LA TEMPLANZA

La opinión popular es que los años en edad avanzada son infructíferos, amargos y llenos de sinsabores. No faltan ejemplos que se pueden citar en confirmación de esta opinión. Pero no tiene que ser así.

Los esposos que en su juventud formaron un hogar cristiano y criaron a sus hijos en disciplina y amonestación del Señor, han puesto buen fundamento y han sembrado una buena semilla para los años de una edad madura que será feliz y rica en sus más delicados frutos. Veamos lo que dicen las Escrituras:

"La misericordia de Jehová es desde la eternidad y hasta la eternidad sobre los que le temen, y su justicia[1] sobre los hijos de los hijos". (Salmo 103.17)

"Y veas a los hijos de tus hijos. Paz sea sobre Israel". (Salmo 128.6)

---

1   O sea, rectitud, cada vez que aparece "justicia" aquí.

"Corona de honra es la vejez, que se halla en el camino de justicia". *(Proverbios 16.31)*

"Corona de los viejos son los hijos de los hijos; y la honra de los hijos, sus padres". (Proverbios 17.6 RVA)

Estas promesas de Dios son para los justos, justificados por la fe y encaminados en la justicia de Cristo. Estas promesas descansan sobre la fidelidad de Dios. Aun en tiempo de adversidad y de juicio nacional, el profeta Jeremías clamó: *"Por la misericordia de Jehová no hemos sido consumidos; porque nunca decayeron sus misericordias. Nuevas son cada mañana; grande es tu fidelidad".* *(Lamentaciones 3.22–23)*

Es por la madurez de años de experiencia por lo que llegamos a profundizar en estas palabras del Señor. ¿Cuáles son estos frutos deliciosos de los años maduros?

El paso de los años imparte a los padres cristianos una profunda confianza en la fidelidad de Dios. Han pasado por muchas pruebas y han visto la manera en que Dios hace que todas las cosas ayuden a bien a los que le aman. Han visto cómo, aunque siete veces cae el justo, se torna a levantar. *(Proverbios 24.16)* Las pruebas pasajeras ya no amedrentan. Los años de afanes y trabajos han pasado y, aunque queden pruebas por delante, el alma está llena de una serenidad que canta: *"GRANDE ES TU FIDELIDAD".*

Compañera de esa confianza es la paz de Dios que sobrepasa todo entendimiento. *"Por nada estéis afanosos; sino sean conocidas vuestras peticiones delante de Dios en toda oración y ruego, con acción de gracias. Y la paz de Dios, que sobrepasa todo entendimiento, guardará vuestros corazones y vuestros entendimientos en Cristo Jesús". (Filipenses 4.6–7) "Mucha paz tienen los que aman tu ley y no hay para ellos tropiezo". (Salmo 119.165)*

De esta confianza y de esta paz nace una perspectiva de lo eterno. ¿O será que de esta perspectiva adquirida con el tiempo nace la confianza en la fidelidad del Dios eterno, y de allí la paz? Están tan íntimamente relacionadas estas cosas que es difícil descubrir cuál es causa y cuál efecto. San Juan escribió: *"Os he escrito a vosotros, padres, porque habéis conocido al que es desde el principio".* *(1 Juan 2.14)*

Los padres recuerdan el tiempo cuando sus hijos no existían, tiempo del cual los hijos nunca pueden tener memoria, tiempo que para ellos pertenece al eterno pasado. Así en pequeño grado los padres tienen conocimiento de Aquel que es desde el principio.

Además, con el paso del tiempo han visto cambiar modas, opiniones, mandatarios, teorías científicas y filosóficas; han llegado a comprender que todas estas cosas son como el vaivén de los mares, y que *"El Eterno Dios es tu refugio, y acá abajo los brazos eternos".* *(Deuteronomio 33.27)*

Desde esta perspectiva las cosas temporales pierden su valor y su encanto. Las desilusiones de la vida ya no les duelen a los padres, porque ven lo eterno, las cosas que no se mudan, a Aquel que es el mismo hoy, ayer y por los siglos.

"Y verás los hijos de tus hijos". ¡Qué profunda satisfacción es ver los hijos ya hombres y mujeres que asumen las responsabilidades de la

vida y alcanzan los éxitos que tanto deseábamos para ellos! *"El hijo sabio alegra al padre".*[2] ¡Qué grande es esta alegría!

Luego los nietos. Ya los abuelos no tienen el cuidado de ellos, porque Dios los ha confiado a manos más jóvenes y fuertes. Gozan de ellos sin las penas de su crianza. Gozan al oír sus primeras palabras, y cuando empiezan a aprender las primeras letras. Reciben un profundo e inefable gozo al oír sus oracioncitas, sus cánticos a Dios y sus primeras manifestaciones de fe en el Salvador. Este fruto maduro es tan dulce que el sólo pensar en él hace saltar lágrimas de alegría.

Además del linaje carnal existe el espiritual, si hemos sido fieles testigos de la gracia de nuestro Salvador. Se dijo del Señor: *"Verá linaje, vivirá por largos días, y la voluntad de Jehová será en su mano prosperada. Verá el fruto de la aflicción de su alma, y quedará satisfecho..."*[3] El Señor no tuvo descendencia carnal, pero por su muerte y resurrección vino a ser progenitor de un linaje espiritual que es eterno. No podemos nosotros ser redentores; pero nos es dado, en cierto sentido, el entrar en este trabajo y, por medio de nuestro testimonio, engendrar hijos espirituales.

¡Qué satisfacción es ver el fruto de nuestro testimonio! Luego se ven otros que por ellos han creído, y así la generación espiritual sigue y crece.

Hay matrimonios cristianos que en sus hogares brindan amistad, confianza y comprensión a los jóvenes. Algunos de estos jóvenes se convierten y salen a otros lugares, llevando el testimonio y el amor

---

2   Proverbios 15.20
3   Isaías 53.10–11

de Cristo. Conocemos a un matrimonio ya avanzado en años que no ha tenido hijos; pero, de esta manera, tienen una generación espiritual que ha llegado a países lejanos con el testimonio de Cristo. *"Aun en la vejez fructificarán"*.

Otros frutos de los años maduros son la intercesión, la enseñanza y el consejo. Leemos que cuando Samuel era viejo, el pueblo de Israel pidió rey. Samuel sintió la falta de gratitud del pueblo, implicado en esta petición. Comprendió que el pueblo lo rechazaba; pero no dejó amargar su espíritu. *"Así que, lejos sea de mí que peque yo contra Jehová cesando de rogar por vosotros; antes os instruiré en el camino bueno y recto"*. *(1 Samuel 12.23)*

Una vez retirado de los afanes y los apuros de la vida pública y de la administración del gobierno de Israel, Samuel no dio por terminada su obra. Se ocupó en la intercesión y en la enseñanza. En la opinión de algunos, la obra que hizo en estos años fue mayor que la de su vida pública. Es probable que en estos años fundara la primera de las escuelas de los profetas. Estas escuelas llegaron a ejercer profunda influencia en la vida religiosa de Israel.

La enseñanza moral y espiritual es trabajo que dura por la eternidad. Acompañada por la intercesión, el Espíritu de Dios hace que la enseñanza produzca cambios duraderos en las vidas de los alumnos. *"Os enseñaré por el camino bueno y derecho"*. *(RVA)*

A Daniel el ángel le dijo: *"Los entendidos resplandecerán como el resplandor del firmamento; y LOS QUE ENSEÑAN LA JUSTICIA*[4] *a la multitud, como las estrellas a perpetua eternidad"*. *(Daniel 12.3)*

---

4   O sea, LA RECTITUD

"Aun en la vejez fructificarán". "Y el efecto de la justicia será paz, y la labor de la justicia, reposo y seguridad para siempre". (Isaías 32.17) "Y todos tus hijos serán enseñados por Jehová; y se multiplicará la paz de tus hijos". (Isaías 54.13)

Nota del Editor: Quiera el Señor que este libro os sirva de inspiración para la fructífera educación de vuestros hijos; y que, bien armados con las armas de la Fe y el Amor, puedan alcanzar la felicidad en este mundo y en el venidero.

Apéndice A

A continuación está un extracto del poema *The Cotter's Saturday Night* (*Sábado por la noche en una choza escocesa*) traducido por Bruce Edward Tuggy, nieto del autor.

> Al acabar la cena alegre, todos vuelven serios,
> Y se sientan en un círculo grande al amor de la lumbre.
> El señor de la casa trae del vestíbulo la gran Biblia,
> La que fue una vez el orgullo de su padre,
> Y la abre con el aire gentil de patriarca.
> Con reverencia quita su gorra escocesa;
> Ha perdido muchas canas de sus patillas.
> Entona con el debido esmero una porción
> De uno de los cánticos que en otra época se cantaban
> dulcemente en Sión.
> Entonces dice, con aire solemne: "¡Adoremos a Dios!".
>
> Cantan sus notas simples con candidez,
> Pues armonizan sus corazones, sin dudas la intención
> más noble de todas.
> Tal vez elevan el compás canoro y sabroso del
> aire "Dundee";
> O tal vez la tonada quejumbrosa "Martyrs",[1] digna de
> su nombre,
> O tal vez inflama sus corazones hacia el cielo, el ritmo
> noble de "Elgin",
> Seguramente la más dulce de todas las melodías del
> salterio escocés.

---

1 En español, Mártires

Comparados con éstas, los trinos italianos quedan sosos.
Los que acostumbran regalar su oído de éstos,
Ni idea tienen del éxtasis de adorar de todo corazón;
Tampoco están al unísono con la alabanza a
nuestro Creador.

Cual sacerdote, el padre de la familia lee la
página sagrada;
Que Abram fue el amigo del Altísimo,
O tal vez que Moisés mandó hacer la guerra eterna
A la descendencia brusca de Amalec;
O que el rey poeta gimió tendido
Bajo el golpe de la venganza del Cielo;
O de la queja patética y el llanto dolorido de Job;
O del fuego extraño de los serafines que vio Isaías
en su sueño;
O acerca de otros profetas cuyos cánticos ocupan la
lira sagrada.

Tal vez lee en el tomo cristiano,
Que la sangre del Inocente fue derramada por el
hombre pecador;
O que Él que llevaba el segundo nombre en el Cielo,
En la Tierra no tuvo dónde recostar la cabeza;
O que sus primeros seguidores y servidores viajaron,
Y escribieron los preceptos sabios para varios lugares;
O de él que, bajo exilio solitario a la isla de Patmos,
Vio a un ángel fuerte estando en pie ante el sol,
Y oyó la perdición de la gran Babilonia pronunciada por
el decreto del Cielo.

Luego, arrodillándose ante el Eterno Rey del Cielo,
El que es santo, padre y marido, ora.
Así salta la esperanza jubilosa en vuelo triunfante,
Que de la misma manera todos se reunirán en días
venideros,
Allá donde siempre tomarán los rayos no creados,
Donde más nunca suspirarán, ni derramarán
lágrimas amargas,
Sino que juntos entonarán himnos de alabanza a
su Creador
En una sociedad no muy diferente, excepto aún
más cariñosa,
Mientras el círculo del Tiempo da vueltas en una
esfera eterna.

Comparada con esta clase de culto, ¡cuán pobre es la
Religión de la Iglesia!
Se jacta de la pompa evidente en sus ritos y su arte,
Donde la gente demuestra a sus congregaciones amplias,
Todos los aires de la devoción, ¡salvo la sinceridad
del corazón!
Ofendido, el Poder del Cielo los abandonará a su boato,
A los acordes pomposos, y a la estola del sacerdote;
Y tal vez escuchará, con agrado, en alguna choza remota,
El lenguaje del alma en adoración sincera,
E inscribirá a los pobres inquilinos en su Libro de la Vida.